불교에서의 죽음 이후, 중음세계와 육도윤회

불교총서 18
불교에서의 죽음 이후, 중음세계와 육도윤회
The Afterlife in Buddhism

지은이 허암
펴낸이 오정혜
펴낸곳 예문서원

편집 유미희
인쇄 및 제본 주) 상지사 P&B

초판 1쇄 2015년 5월 4일

출판등록 1993년 1월 7일(제307-2010-51호)
주소 서울시 성북구 안암로9길 13, 4층
전화 925-5914 | 팩스 929-2285
홈페이지 http://www.yemoon.com
전자우편 yemoonsw@empas.com

ISBN 978-89-7646-337-1   03220
ⓒ 虛庵(金銘友) 2015 Printed in Seoul, Korea

YEMOONSEOWON #4 13, Anam-ro 9-gil, Seongbuk-Gu, Seoul, KOREA 136-074
Tel) 02-925-5914 Fax) 02-929-2285

값 17,000원

불교총서 18

불교에서의 죽음 이후, 중음세계와 육도윤회

허암 지음

예문서원

서문

모든 인간은 죽음을 맞이하여 사후세계로 여행을 떠났습니다. 그렇지만 어느 누구도 현생으로 되돌아온 사람은 없습니다. 그래서 우리는 사후세계를 전혀 알 길이 없습니다. 알 수 없는 세계, 즉 미지의 세계이기 때문에 사후세계는 우리에게 늘 두려운 존재입니다.

그런데 불교에서는 이 미지의 세계를 아주 멋지게, 게다가 아주 자세하게 기술하고 있습니다. 불교에서는 사람이 죽으면 먼저 중음세계(중유세계)에 간다고 합니다. 중음세계란 현생과 사후세계의 중간을 말합니다. 이곳에서 망자는 49일 동안 현생에서 행한 행위에 대해 7명의 재판관에게 재판을 받습니다. 그리고 그 재판 결과, 즉 선악의 업보에 따라 여섯 세계(육도세계)의 어느 곳에 갑니다. 그래서 부처님께서는 다음과 같이 말씀하셨습니다.

무엇이 자신의 것이며, 무엇을 가지고 갈 것인가? 그림자가 사람을 따라가듯이, 죽음의 순간 무엇이 그를 따를 것인가? 인간은 현생에서 선행과 악행을 짓는다. 사는 동안 지은 이 두 가지가 자신의 것이며 오직 이 둘을 가지고 떠난다. 그림자가 사람을 따르듯이, 죽는 순간 선행과 악행이 그를 따라간다.(상응부 경전)

다시 말해 부처님은 우리가 죽는 순간 무엇을 가지고 갈 것인가라고 묻습니다. 그러면서 부처님은 죽음과 함께 가지고 가는 것은 현생에서 지은 선행과 악행이라고 합니다. 즉 선악의 업을 가지고 우리는 중음세계와 육도세계로 갑니다. 그래서 우리는 현생에서 수선단악修善斷惡(선을 닦고 악을 끊다)을 실천해야 하는 것입니다.

이 책의 내용을 간단하게 말씀드리겠습니다. 제1장에서는 중음세계에서 망자가 누구에게 재판을 받고, 그 재판은 어떻게 진행되는지를 자세하게 설명했습니다. 더불어 망자가 재판을 받는 49일 동안에 유족들은 무엇을 실천해야 하는지를 기술했습니다.

제2장에서는 중음세계의 재판에 따라 망자가 가는 곳인 지옥, 아귀, 아수라, 축생, 인간, 천계에 대해 기술했습니다. 특히 필자가 심혈을 기울인 부분은 지옥도와 아귀도입니다. 경전에서는 지옥 중에

팔열지옥(맹렬한 불꽃이 타오르는 여덟 개의 지옥)을 136개로 분류하여 자세하게 기술하고 있는데, 이 지옥에는 현생에서 어떤 죄를 지은 자가 떨어지며, 이곳에 떨어지면 어떤 형벌을 받는지를 상세하게 언급했습니다.

그리고 독자들께서는 아귀하면 보통 목이 아주 가늘고 배는 거대한 모습을 상상하기 쉽습니다만, 사실 경전에는 아귀를 36종류로 나누어 설명합니다. 그래서 36종류의 아귀에 대해서도 본문과 미주에서 자세하게 설명했습니다. 지옥과 아귀 세계를 이해하는 데 도움이 되었으면 합니다.

이 책을 집필하게 된 동기를 말씀드리고자 합니다. 결론부터 말씀드리자면 불교신자들이 49재에 대해 너무 모른다는 것입니다. 제가 다니는 절에서도 자주 49재를 지냅니다. 그런데 49재를 왜 하는지, 49재를 어떻게 하는지를 전혀 모르는 분이 대부분이었습니다. 또한 단지 망자를 위해 필요하다는 주위의 말만 듣고 49재를 하는 분이 너무 많았습니다. 게다가 망자를 위해 49재를 지내기는 하지만, 육도윤회를 믿지 않는 분이 꽤 있었습니다. 그래서 중음세계와 육도윤회의 세계에 대해 집필하기로 마음먹었습니다. 그렇지만 '기복신앙(미신, 운명론)에 이용되지 않을까?', '망자를 이용한 돈벌이에 이용되지 않을까?', '장애인이나 성소수자에게 편견을 조장하는 것은 아닐까?라는 생각에 집필하는 것을 망설였습니다. 그런데 불교신자에게 바르게 49재를 알리고, 육도윤회의 세계를 바르게 이해시키는 것도 불교를 공부하는 사람의 책무라고 생각하여 집필을 결심하게 되었습니다. 아무쪼록 중음세계와 육도세계를 이해하는 데 도움이 되었으면 합니다.

    끝으로 원고를 꼼꼼하게 읽어 준 송재근 박사님과 출판을 허락해 주신 예문서원 사장님 및 편집자에게 감사드립니다.

금정산 자락에서
허암 배상

차례

서문 5

인간은 무엇 때문에 죽음에 관심이 많은가   13

제1장 중음세계와 사십구재 · 21

1. 죽음은 누구도 피할 수 없다   22
2. 여러 종교에서 죽음을 이르는 말들   25
3. 현생에서 죽음이란   29
4. 오온의 흩어짐이 죽음이다   31
5. 죽음에는 말마를 끊는 고통이 동반된다   36
6. 망자는 의생신이다   42
7. 망자의 재판은 어떻게 이루어지는가   45
    1) 망자의 첫 번째 재판, 진광왕의 법정에 서다   45
    2) 무주상보시를 실천하자   50
    3) 최상의 보시는 사무량심을 일으켜
       화안애어와 회광반조를 실천하는 것이다   55
    4) 모든 것은 망자의 자업자득에 의해 결정된다   58
    5) 지옥의 중생을 구제하는 이는 지장보살이다   62
    6) 두 번째 재판관 초강왕의 법정에는 추선공양이 필요하다   63

7) 세 번째 재판관 송제왕은 사음죄를 묻는다　66
8) 네 번째 재판관인 오관왕의 법정에는 저울이 있다　73
9) 다섯 번째 재판관인 염라대왕은 거울로 망자의 죄를 비춘다　74
10) 여섯 번째 재판관 변성왕과 마지막 재판관 태산왕도
　　판결을 내리지 않는다　76
11) 『시왕경』과 시왕사상은 중국 불교도의 생각이 반영된 것이다　79

제2장 육도윤회 ▪ 85

1. 무엇이 육도세계를 윤회하는가　86
2. 우주의 중심, 수미산　91
3. 지옥　97
　1) 지옥이란　97
　2) 무덥고 습한 여덟 가지 지옥인 팔열지옥　100
　　(1) 살생을 범한 자가 떨어지는 등활지옥　100
　　(2) 톱으로 죄인의 몸을 자르는 고통을 주는 흑승지옥　107
　　(3) 사음죄를 범한 죄인이 떨어지는 중합지옥　109
　　(4) 알코올 중독자가 떨어지는 규환지옥　114
　　(5) 거짓말한 자가 떨어지는 대규환지옥　117
　　(6) 인과의 도리를 믿지 않는 자가 떨어지는 초열지옥　121
　　(7) 성범죄자가 떨어지는 대초열지옥　127
　　(8) 계율을 지키지 않은 출가자가 떨어지는 아비지옥　132
　3) 추위에 고통을 당하는 여덟 가지 지옥인 팔한지옥　138

4. 먹고 마실 수 없는 고통을 당하는 아귀도   140
5. 불성을 가진 존재가 거주하는 축생도   148
6. 싸울 수밖에 없는 운명인 아수라   155
7. 인간으로 태어나기가 이렇게 어려울 줄이야, 인간계(人道)   158
8. 신들이 거주하는 세계인 천계   165
   1) 욕망이 존재하는 세계인 욕계   165
     (1) 천계의 신도 성욕은 있다   165
     (2) 천계는 수미산이다   167
     (3) 천계의 수호자 사천왕   170
     (4) 33인의 천인이 거주하는 도리천   174
     (5) 염라대왕의 거주처 야마천   177
     (6) 보살의 거주처 도솔천   178
     (7) 대상을 스스로 변화시켜 즐기는 낙변화천   183
     (8) 대상을 자유자재로 자신의 것으로 즐기는 타화자재천   184
   2) 육체가 남아 있는 색계   184
   3) 정신적인 작용만이 남아 있는 세계인 무색계   188

마무리   192

미주   193
참고문헌   223
찾아보기   224

::: 일러두기

1. 인용한 책은 세세하게 언급하지 않고 참고문헌으로 대신한다.
2. 범어는 한국인이 발음하기 편하게 옮겼다. 예) vas(바스)
3. 부지옥의 명칭은 '증增'으로 통일하여 명기했다.
4. 시왕도 그림은 통도사 성보박물관에서 제공한 것이다. 감사드립니다.
5. 사천왕상 사진은 청도 적천사에서 촬영(송재근 박사)한 것이다. 감사드립니다.
6. 금동미륵보살반가사유상(국보 제78호, 제83호)은 국립중앙박물관에서 제공한 것이다. 감사드립니다.

인간은 무엇 때문에 죽음에 관심이 많은가

부처님께서 과거의 수많은 보살행[1]과 현세에서 6년간의 수행을 통해 진리를 체득하신 이유는 무엇일까요? 부처님은 바로 우리들에게 괴로움(苦)을 소멸시키는 방법과 그 내용을 체득시키기 위해 육체를 가진 석가모니 부처님으로 화신[2]하여 이 땅에 오셨습니다. 부처님의 관심은 오로지 인간의 근원적인 고뇌를 해소하기 위해 인간은 어떻게 살아야만 하는가 하는 점에 집약되어 있습니다. 부처님은 인간의 문제를 떠난 적이 한 번도 없었습니다. 그러나 우리가 일상적인 사고로써 해결 불가능한 것에 관여하는 것에 대해서는 극히 부정적이었습니다. 쓸모없는 논의는 필요 없고, '고뇌를 극복하기 위해 노력하라'는 것이 부처님의 기본 태도였습니다. 부처님의 이런 태도를 잘 나타낸 경전(니카야는 『말룽카풋타 소경』, 한역은 『전유경』)의 일화를 소개하겠습니다.

어느 날 저녁 무렵 말룽카풋타(malunkyaputta)라는 제자가 뭔가 떠오른 표정으로 부처님이 계신 곳에 왔습니다. 그는 당시의 사상계에서 유행하고 있었던 문제에 대해 부처님께 따지고 싶었던 것입니다. 문제는 '세계는 시간적으로 영원한가·영원하지 않는가?', '세계는 공간적으로 무한한가·유한한가?', '영혼과 육체는 동일한가·다른가?', '여래는 사후에도 존재하는가·존재하지 않는가?' 등이었습니다. 이런 주제는 당시의 사상가들이 즐겨 논쟁하던 문제였습니다. 이런 문제에 대해 부처님은 거의 언급한 적이 없었는데 말룽카풋타는 그것이 불만이었던 것입니다. 철학적 논의를 피해 가려는 성실하지 못한 사상가라면 스승으로서의 자격이 없다고 생각했던 것이지요.

세존이여! 이런 문제에 대해 아무것도 말씀하시지 않으시면, 나는 세존을 따라 배우는 것을 그만두고 세속으로 돌아가려고 합니다. 문제의 해답을 알고 계시다면 말씀해 주십시오. 모르고 계시면 모른다고 확실하게 말씀해 주십시오.

이 질문이 과연 스승과 제자 사이에 할 수 있는가 할 정도로 제자의 태도가 너무나 당돌합니다. 쉽게 말하자면 내 질문에 대답하지 않으면 당신의 제자를 그만두겠다는 협박을 하는 것입니다. 그럼에도 불구하고 부처님은 매우 온화하고 자애롭게 다음과 같이 대답합니다.

말룽카여! 나는 그와 같은 문제에 대해 한 번도 논한 적이 없었다. 내가 그것에 대해 말하지 않는 한, 나의 밑에서 수행하지 않겠다고 말한다면, 그 중간에 너의 수명은 다할 것이다. 나는 결코 이 문제에 대해 논하지 않을 것이다.

말룽카여! 어떤 사람이 화살을 맞았는데 게다가 독이 묻은 화살이었다고 하자. 그의 친구나 친척은 곧바로 화살의 상처에 대해 잘 알고 있는 의사를 부를 것이다. 그러나 그가 "나를 쏜 사람이 어떤 출신인지 알지 못하면 화살을 뽑지 않겠다. 또한 화살을 쏜 사람의 이름, 키, 피부 색깔, 주소를 알지 못하면 화살을 뽑지 않겠다. 또한 화살의 종류, 화살이 대나무인지 아닌지, 화살에 사용된 깃털이 어떤 종류의 깃털인지 알지 못하면 화살을 뽑지 않겠다"라고 말한다면, 그것에 대해 그는 전부 알 수 없기 때문에 그의 수명은 다할 것이다. 너의 지금의 태도는 화살 맞은 사람과 같다.

말룽카여! 세계는 영원하다고 하는 사고방식이 있어도 또는 세계는 영원하지 않다는 사고방식이 있어도, 여전히 생로병사가 있고, 걱정, 슬픔, 괴로움, 고민이 있다. 나는 생로병사 등을 현실 속에서 어떻게 극복할 것인가를 가르치려고 한다. 말룽카여! 너의 머리를 아프게 하는 문제는 인간의 괴로움의 해결에 도움을 주지 않는다.

말룽카여! 따라서 내가 말하지 않은 것은 말하지 않은 것으로 그냥 그대로 받아들여라. (내가) 말한 것은 말한 것으로 그냥 그대로 받아들여라. 내가 말하지 않은 것은 '세계는 영원한가, 영원하지 않는가'라는 문제이고, 내가 말하는 것은 '사성제'[3]이다.(『말룽카풋타 소경』)[4]

이처럼 부처님께서는 인간의 이성으로 알 수 없는 형이상적 문제에 대해 노코멘트[5] 하셨습니다. 불교에서는 이런 질문에 부처님께서 대답하지 않았다고 하여 10무기無記 내지 14무기[6]라고 합니다.

또한 부처님과 마찬가지로 공자의 관심사도 오로지 인간이었습니다.

어느 날 제자 자로子路가 공자에게 물었다.
자로: 귀신 섬기는 법을 말씀해 주십시오.
공자: 사람도 다 못 섬기는데 어찌 귀신을 말하겠느냐.
자로가 다시 물었다.
자로: 죽음에 대해 알고 싶습니다.
공자: 삶도 아직 다 모르는데 어찌 죽음을 말하겠느냐?[7]

공자는 괴이하고 비이성적인 것(불가사의), 폭력이나 질서를 파괴하는 행위(德에 의지하지 않고 힘으로 하는 것), 인륜人倫을 어지럽

히는 것, 비인간적인 귀신(신비한 것)에 대해서는 말(주장)하지 않았다.[8]

이와 같이 공자도 역시 부처님처럼 귀신·죽음(형이상학적인 문제) 등에 대한 관심은 없었고 오로지 인간에게만 관심을 가졌다는 공통점이 있습니다. 다시 말해 부처님과 공자는 죽음이나 사후세계보다는 오로지 지금 인간을 괴롭히는 문제들에 관심이 있었습니다. 특히 부처님께서는 그 괴로움의 원인과 괴로움을 제거하는 방법 등을 우리에게 제시하고 있습니다.

그러면 죽음과 사후세계에 대한 부처님과 공자의 이런 가르침이나 태도(생각)를 그 당시 민중들은 어떻게 받아들였을까요? 또 과학이 발달한 시대에 살고 있는 현대인은 어떨까요? 두 분의 가르침과 고대인 및 현대인 사이에는 괴리감이 존재한다는 사실을 누구나 인정할 것입니다. 그렇습니다. 고대인이든 현대인이든 인간은 자신의 이성으로 알 수 없는 죽음, 귀신, 사후세계 등에 아주 관심이 많습니다. 우리의 육체는 소멸해도 아트만(ātman) 또는 영혼(정신)은 영원히 지속한다고 생각하는 상주론자常住論者이든, 죽음과 더불어 모든 것이 끝이라고 생각하는 단멸론자斷滅論者이든 죽음을 초연하게 극복하기는 힘들 것입니다. 이 양극단의 입장 중에서 특히 현대에서 지지를 받는 것은 단멸론의 입장입니다. 왜냐하면 의식은 물리현상으로 환원할 수 있거나 그것의 부산물이라는 입장을 취하기 때문입니다. 즉 의식이란 뇌의 산물에 불과하다는 것입니다. 결국 육체가 죽으면 정신도 죽음을 맞이한다는 것이지요. 그런데 상주론자이든 단멸론자이든 죽음을 잠시 망각할 수는 있어도, 죽음을 완전히 외면하거나 무시하면서 살아갈 수 있을까요? 죽음에 대해 어떤 태도를 취하든 인간이 죽으면 모든 것이 끝이라고 생각하는 사람(불교도)은 거의 없을 것입니다. 그렇다면 인간은 왜 죽음이나 사후세계에 관심이 많을까요? 그것은 인간이 죽음 이후의 세계를 알 수 없기 때문입니다. 불교는 죽음과 사후세계를 업과 윤회를 바탕으로 설명합니다. 업業이란 요즘 말로 '행위'(karma)라고 번역할 수 있습니다. 부처님은 인간의 행위(업)를 세 종류, 즉 신체를 통한 행위인 신업, 말이나 입을 통한 행위인 어업(구업), 생각 또는 마음을 통한 행위인 의업으로 나누어 설명하고 있습니다. 그리고 자신이 한 행위는 반드시 그 대가(과보)를 받는다고 합니다. 업의 결과(과보)에 따라 죽은 자는 중음세계를 거쳐 육도세계를 돌고 돈다는 것이 바로 윤회입니다. 그래서 부처님께서는 『상유타니카야』(상응부 경전)에서 다음과 같은 가르침을 주고 있습니다.

죽으면 모두 내려놓고 가야 한다. 돈과 보석, 창고에 쌓인 곡식, 그의 모든 소유물, 심지어 자기가 부리던 하인이나 친한 사람들 모두 놓고 가야 한다. 그가 가지고 가는 것은 오직 하나. **몸과 입과 마음의 업이다.** 이것이야말로 그의 것이니, 그는 죽을 때 이것만 가지고 간다. 그림자가 그를 따라다니듯 이것만 그를 따라다닌다. 그러므로 좋은 일을 해서 미래를 위한 공덕(선행)을 쌓아야 하리라. 공덕(선행)이야말로 다음 생에 중생이 의지할 언덕이 될 것이다.

이제부터 업과 윤회를 바탕으로 불교의 죽음세계(중음세계)와 육도윤회의 세계를 기술하고자 합니다. 그런데 윤회를 불교의 가르침이 아니라고 주장하는 불교 학자도 있습니다. 이것은 단지 불교를 너무 철학적으로만 해석한 것이라고 생각합니다. 철학은 민중의 삶과 동떨어져 전개될 수도 있습니다. 그러나 불교는 철학이자 종교입니다. 종교는 민중의 삶과 절대 무관할 수 없습니다. 민중은 이성적·합리적으로만 살 수 없습니다. 때로는 비이성적인 것도 수용합니다. 다시 말해 민중의 삶을 학문적인 잣대로 판정할 수 없다는 것입니다. 그리고 불교의 역사를 보면 비불교적인 요소를 채용하여 불교적 사고방식으로 변형시킨 사례가 많습니다. 그러므로 윤회사상을 불교의 가르침이 아니라고 단정하는 것은 현실을 도외시한 주장이라고 생각합니다. 만약 이런 잣대로 불교의 교리를 따지면 대승불교는 불교가 아닌 것이 됩니다. 왜냐하면 대승경전은 부처님의 직설이 아니기 때문입니다. 즉 이런 논리로 말하면 대승경전을 기반으로 성립한 중국불교, 한국불교, 일본불교는 불교가 아닌 것입니다.

요즈음 남방불교의 영향으로 일부 출가자나 재가자 중에서 대승불교를 폄하하는 듯한 주장을 펴는 사람도 있고, 반대로 남방불교를 폄하하는 대승 불교도도 있습니다. 자신이 믿는 가르침만을 진리라고 주장하는 것이 과연 올바른 태도일까요? 이런 태도는 유일신을 믿는 이웃 종교와 다를 바가 없습니다. 이와 같은 현상은 현재 한국불교에서 극명하게 잘 드러나고 있습니다. 이러한 태도를 취하는 사람은 오로지 우리(자기) 신자, 우리(자기) 절, 우리(자기) 스님, 내 가족, 내 자식만이 소중하게 됩니다. 그래서 자기가 다니고 있는 절의 스님이 아무리 나쁜 짓을 해도 감싸주고 무조건 신뢰하는 집단이기심만이 남습니다. 게다가 이런 자신의 행위에 대해 아무런 자기반성이나 참회도 없기 때문에, 오로지 기복신앙만이 남습니다. 기복신앙만이 남는 종교(불교)가 과연 올바른 종교일까요? 이런 사람들은 부처님의 가르침을 실천하는 진정한 불교도라고 할 수 없습니다. 다시 말해 이런 사람은 부처님의 가르침대로 살 수 없습니다.

第1장 중음세계와 사십구재

1. 죽음은 누구도 피할 수 없다

우리는 삶에 집착합니다. 그래서 내 몸과 영혼이 영원하지 않다는 사실을 알고 있으면서도, 내 몸과 영혼이 영원하기를 바랍니다. 인간이라면 누구나 이런 욕망이 있습니다. 중국 진나라 때 방사方士들이 몸과 영혼이 영원하기를 바라는 인간의 욕망을 이용하여 진시황제에게 불로초를 먹으면 영원히 살 수 있다는 거짓말을 하였습니다. 방사들의 말을 믿은 진시황제는 불로초가 이 세상에 존재하는 줄 알고 세계 각국으로 신하를 파견하여 불로초를 구해 오도록 했다고 합니다. 그 신하들이 아프리카, 로마, 심지어 한반도의 거제도까지 온 흔적이 남아 있습니다. 물론 거짓임이 밝혀져 460명의 방사들을 생매장하는 이른바 '갱유坑儒사건'[1])이 벌어집니다. 이 갱유사건이 역사적 사실인지 아닌지 알 수 없지만, 하여튼 영원히 살고 싶은 인간의 욕망을 적나라하게 잘 드러낸 사건입니다.

그렇지만 인간은 죽음을 피할 수가 없습니다. 인간은 누구나 죽습니다. 인간뿐만 아닙니다. 생명을 가진 존재, 즉 살아 있는 모든 것은 죽음으로 그 생을 마감합니다. 불교(부처님)에서는 생로병사의 네 가지 괴로움(四苦)은 인간의 숙명으로, 누구에게나 확실하고 공평하게 방문한다고 합니다. 그 중에 죽음은 재물이 많든 적든, 행복한 사람이든 불행한 사람이든, 지위고하를 막론하고 예외 없이 찾아오는 법칙입니다. 그렇지만 우리는 그 누구도 자신의 죽음을 직접 체험할 수 없습니다. 단지 다른 사람의 죽음을 통해서, 즉 간접적으로 알 수 있을 뿐입니다. 또한 죽음은 누구도 피할 수 없을 뿐만 아니라, 언제 찾아올지 누구도 알 수 없습니다. 그래서 부처님께서는 『숫타니파타』(화살경)2)에서 다음과 같이 말씀하셨습니다.

> 모든 중생(인간)은 언젠가 죽습니다. 다만 목숨은 정해져 있지 않아, 그때가 언제인지 알 수 없습니다. 애처롭고 고통스럽습니다. 태어나 죽지 않고자 하지만 그럴 방도가 없습니다. 죽음은 반드시 닥치는 것입니다. 이것이 중생의 운명입니다.
> 과일이 익으면 떨어지는 것처럼, 태어난 자들은 반드시 죽음을 맞이합니다. 항상 죽음의 두려움에서 벗어날 수 없습니다.
> 옹기장이가 빚어낸 질그릇이 마침내 모두 깨어지듯이 중생의 목숨도 또한 그러합니다.
> 젊은이도 장년도 어리석은 이도 현명한 이도 모두 죽음에 굴복합니다. 모든 중생은 반드시 죽음을 맞이합니다.……

게다가 죽음의 여행에서 되돌아온 사람도 없으므로 죽음의 저쪽에 무엇이 있는지 알 수도 없습니다. 그래서 죽음은 영원히 수수께

끼에 쌓여 있다고 할 것입니다.

그렇다면 죽은 사람은 어디로 가는 것일까요? 그리고 그 어디로 가는 주체는 무엇일까요? 우리는 보통 인간이 죽으면 육체는 없어져도 혼(魂)이 어딘가에서 계속해서 살고 있다고 생각합니다. 인도인은 그것을 아트만(ātman)이라고 하고, 서양인은 영혼(Soul)이라고 합니다. 인도인은 윤회를 받아들이기 때문에, 이 아트만이 윤회의 주체 즉 어디로 가는 주체라고 생각했습니다. 기독교 세계이든 중국이든 명칭은 다르지만 그 어디로 가는 주체를 영혼, 정신, 혼백 등으로 부릅니다. 다시 말해 불교를 제외하고 대부분의 지역이나 종교에서 영혼의 실재를 인정합니다. 그렇다면 유골, 즉 육체는 무덤에 있고 우리의 혼(영혼)은 어디로 가는 것일까요? 어떤 세계에서 계속해서 살고 있는 것일까요? 지금까지 많은 사람들이 미지의 세계로 여행을 떠났습니다. 그렇지만 그 여행에서 되돌아온 사람은 아직 없습니다. 가끔씩 죽음에서 되돌아온 사람(임사체험자)이 있다는 뉴스를 접합니다. 그들이 전하는 사후세계의 모습은 평소에 우리가 이미지 하고 있는 세계와 전혀 다르지 않습니다. 다시 말해 그들이 보았다고 하는 죽음의 세계는 이미 우리가 상상하고 있던 것과 다르지 않다는 것입니다. 그래서 그들의 말을 액면 그대로 받아들이기 힘든 것입니다.

2. 여러 종교에서 죽음을 이르는 말들

누구나 죽음을 싫어하거나 두려워합니다. 그러나 밝음이 있으므로 어둠이 있으며 어둠이 있으므로 밝음이 있듯이, 삶이 있기 때문에 죽음이 있는 것이고 죽음이 있기 때문에 삶도 있는 것입니다. 이처럼 모든 것은 서로 관계 속에 있습니다. 부모와 자식의 관계에서도 부모는 자신의 죽음을 전제로 자식의 삶과 죽음을 생각합니다. 자식도 부모가 유한한 존재라는 사실에 입각해서 자신의 삶을 영위합니다. 만약 내가(부모와 자식) 죽지 않는다면 부모나 자식의 삶의 태도는 모든 것이 달라질 것입니다. 그러므로 내 삶을 윤택하게 보내려면 죽음이 무엇인지를 아는 것이 중요합니다. 그리고 종교는 죽음을 삶의 연장선으로 다루어 삶을 위로합니다. 많은 종교에서는 죽음을 끝이라고 보지 않습니다.

그렇지만 우리는 죽음뿐만 아니라 죽음이라는 말 자체도 싫어합니다. 그런데 죽음을 싫어하면서도 죽음을 지칭하는 말들은 그다지 어둡지 않게 표현되고 있으며, 죽음의 표현도 종교 간에 다양합니다.

가톨릭에서는 교황이나 추기경 또는 신부님이 돌아가시면, 다시 말해 죽음을 '선종善終'이라고 합니다. 여기서 선善이란 '착하다'라는 의미가 아니라 부사로 사용되어 '잘'이라는 의미입니다. 종終이란 '마치다'라는 의미입니다. 그래서 선종이란 '생을 잘 마감하다'라는 뜻입니다. 그런데 어떤 신문에서 선종을 '선생복종善生福終' 즉 '잘 태어나서 복스럽게 생을 마감했다'라는 말의 준말이라고 하는 기사를 보았습니다만, 타당한 의견이라고 생각합니다.

최근 개신교에서는 죽음을 '소천召天'이라고 합니다. 즉 '부를 소'(召), '하늘 천'(天) 자이므로, 소천이란 '하느님의 부름을 받았다'라는 뜻입니다. 그런데 동양(한자문화권)에서 천天이란 유일신인 'God'를 의미하는 말이 아니기 때문에, 적절한 표현이 아니라고 생각합니다. 게다가 소천이라는 말은 국어사전에 나오지 않을 뿐 아니라 어법에도 맞지 않는다는 비판이 있습니다. 그러므로 차라리 예전에 개신교에서 죽음의 의미로 사용하던 말인 '영면永眠'이라는 말을 다시 사용하는 것이 적절할 것입니다.

유교에서도 죽음을 다양하게 표현합니다. 예를 들어 유교에서는 통치자가 죽으면, '갈 서'(逝)와 '갈 거'(去)를 합성하여 '서거逝去'라는 말을 사용합니다. 이 표현은 현재에도 사용되고 있습니다. 노무현 대통령께서 돌아가셨을 때 언론에서는 "노무현 대통령 서거하시다"라고 표현했습니다. 이것은 '사거死去'의 높임말입니다. 조선시대에는 임금의 죽음을 '무너질 붕'(崩), '임금 어'(御)를 합성하여 '붕어崩御'라고 했습니다. 이 외에 붕서崩逝, 용어龍馭, 상빈上賓, 안가晏駕, 빈천賓

天, 천붕天崩도 같은 뜻으로 사용했습니다. 특히 천붕은 '하늘이 무너지다'라는 뜻으로 아버지의 죽음에도 사용했습니다. 사극 드라마에서 자주 등장하는 말인 승하昇遐는 임금의 죽음만을 뜻하는 것이 아니고, 당상관 즉 정삼품 이상의 벼슬을 지낸 사람이 죽었을 때에도 함께 사용하였습니다.

불교에서도 죽음을 표현하는 말은 많습니다. 1993년 성철스님께서 돌아가셨을 때 언론에서는 "성철스님 열반涅槃3)하시다"라고 표현했으며, 법정스님께서 돌아가셨을 때에는 "법정스님이 입적入寂하시다"라고 표현했습니다. 또한 불교에서는 죽음을 타계他界(인간계를 떠나 다른 세계로 가다), 입열반入涅槃, 멸도滅度, 입멸入滅 등으로도 표현합니다. 그런데 불교에서는 부처님의 죽음을 특별히 위대한 죽음이라는 의미로 대반열반大般涅槃이라고 합니다. 대반열반이란 범어 마하파리니르바나(māha-pari-nirvāṇa)의 번역인데, 마하(māha)는 대大, 파리(pari)는 반般, 니르바나(nirvāṇa)는 열반의 의미입니다.

이 외에도 죽음을 표현하는 명사로는 임종臨終(자신의 가족 등의 죽음을 높여 이르는 말이며, 作故라고도 한다), 별세別世(세상과 이별을 하다), 영면永眠(영원히 잠들다), 사망死亡, 운명運命 등이 있습니다.

죽음을 뜻하는 동사나 관용어로는 숨지다, 몰하다, 졸하다, 돌아가다, 세상을 뜨다, 숨을 거두다, 명부에 들다, 유명을 달리하다 등이 있습니다. 좋은 표현은 아니지만 고꾸라지다, 뒈지다, 밥숟가락 놓다 등도 있습니다. 게다가 죽는 상황에 따라서 다양한 표현이 있습니다. 예를 들어 보면, 병사病死(병으로 죽음), 익사溺死(물에 빠져 죽음), 동사凍死(얼어 죽음), 횡사橫死(뜻밖의 재앙으로 죽음), 아사餓死(굶어 죽음), 객사客死(객지에서 죽음), 분사憤死(열혈압]을 받아 죽음), 소사燒死(화재로 죽음), 역사轢死(교통사고로 죽음), 갈사渴死(목말라 죽음) 등 수없이 많습니다. 또한 과학기술의 발달로 인공호흡기가 발명되자 죽음의 정의가 바뀌게 되어 존엄사, 안락사, 뇌사 등 새롭게 죽음을 정의하는 말들도 등장했습니다.

이처럼 각 종교마다 죽음을 표현하는 말들이 많습니다. 그런데 대부분의 종교에서 죽음을 어두운 이미지로 표현하는 것이 아니라 오히려 밝게 내지 긍정적으로 표현하고 있다는 것입니다. 영혼을 인정하는 종교, 특히 유일신을 믿는 종교에서는 죽음 자체를 두려운 것으로 표현하지 않는 공통점이 있습니다. 그렇지만 유일신을 믿는 사람들의 본심은 과연 그럴까요? 과연 그들은 죽음을 기쁘게 받아들일까요?

3. 현생에서 죽음이란

　죽음이란 의학상·민법상으로 '심장(맥박과 호흡), 뇌, 폐의 세 장기가 영원히 정지한 것'을 말합니다. 그렇지만 과학기술의 발달 덕분에 인공호흡기나 인공심장 등이 발명되자 죽음의 정의도 바뀌게 되었습니다. 특히 인공호흡기 발명 덕분에 강제적으로 심장은 뛰고 있지만 뇌 기능의 회복 가능성이 전혀 없는 경우인 '뇌사'라는 죽음의 판정 기준이 중요하게 되었습니다. 우리나라에서도 '뇌사와 장기이식에 관한 법률'이 국회를 통과되고 나서 제한적이기는 하지만 뇌사를 죽음으로 받아들이는 것이 일반화되었습니다. 그러나 이런 죽음을 인정하지 못하고, 극히 드문 일이기는 하지만, 생물학적으로 죽은 사람 즉 시체와 함께 지내고 있다는 뉴스를 가끔 접하기도 합니다.
　그런데 의학상·민법상으로 죽음의 판정을 받으려면 병원에서 돌아가시든 집에서 돌아가시든 유족은 의사에게서 사망진단서를 발급받아 사망 신고를 해야 합니다. 사망진단서는 사망 신고에 필요한 첨부 서류로, 구청이나 주민센터(동사무소)에 반드시 제출해야 법적으로 죽음을 인정받습니다. 사망진단서는 현생에서 법적인 의무와 권리가 끝났음을 증명하는 것입니다. 이 사망진단서를 제출하는 전후에 일반적으로 유족은 장례 준비를 합니다. 지방이나 종교에 따라 조금 다를 수 있지만, 대체적으로 입관, 발인(출상), 하관(화장, 납골), 매장, 삼우제, 탈상, 49재 등의 순서로 진행됩니다. 그렇지만 이런 죽음의 수속을 망자는 전혀 알 수 없습니다. 현생에서 하는 사망 수속은 보내는 사람, 즉 유족이 준비하는 것입니다. 장례식을 준비하는 유족들의 슬픔이나 분주함도 모른 채 죽은 사람은 죽음의 여행을 떠납니다. 아무튼 이 시점에서 망자는 죽음도 삶도 의식할 수 없을 것입니다. 여기서부터 죽음의 여행은 시작됩니다. 그렇다면 도대체 망자는 어디로 여행을 떠나는 것일까요? 사실 유족도 망자도 어디로 여행을 떠나는지 전혀 알 수 없습니다. 이처럼 전혀 알 수 없는 미지의 세계로 떠나기 때문에 살아 있는 자도 죽은 자도 죽음이 두려운 것입니다.

4. 오온의 흩어짐이 죽음이다

부처님께서는 세계 내지 인간은 오온五蘊으로 이루어졌다고 합니다. 즉 인간은 오온이 조건이 맞아 모이면, 다시 말해 오온이 가화합하면(五蘊假和合) 생존을 유지할 수 있는 것이고, 조건이 다하면 즉 오온이 흩어지면 죽는 것이라고 합니다. 그렇다면 우선 오온이 무엇인지 알아봅시다.

오온이란 색·수·상·행·식의 '다섯 개의 덩어리'라는 뜻으로, 범어 판차 스칸다(pañca skandha)의 번역입니다. 현장은 판차 스칸다를 '오온'이라고 번역하였습니다만, 구마라집4)은 '오음五陰'이라고 번역하였습니다.

부처님께서는 일체의 모든 존재 내지 인간은 한 개의 물질(색)과 네 개의 정신작용(수상행식)으로 구성되었다고 보았습니다. 그렇다면 색은 무엇이고, 수상행식은 무엇일까요?

색色이란 빨강, 파랑 등의 색깔이나 '저 사람은 색을 밝힌다' 등과 같은 성욕을 말하는 단순한 의미가 아닙니다. 이것은 넓게 말하면 물질, 좁게 말하면 우리들의 육체를 말합니다. 색은 범어 '루파'(rūpa)의 번역인데, 두 가지 의미가 있습니다. 하나는 '형체가 있는 것', 또 하나는 '파괴되는 것·변화하는 것'이라는 뜻입니다. 그래서 중국에서는 '질애質礙와 변괴變壞'로 각각 번역하였습니다. 먼저 변괴란 물질(육체)이 끊임없이 변화하여 한순간도 그대로 있는 것이 없다는 것입니다. 반면 질애란 물질이 동시에 똑같은 장소를 점유할 수 없다는 의미입니다. 다시 말해 물질은 무상(변화)한 것이고 또한 자기만의 고유한 공간을 점유하고 있다는 것이 물질의 특징이라는 것입니다. 그러므로 인간의 육체도 변화하고 고유한 공간을 점유하는 존재라는 것을 알 수 있습니다. 그렇다면 색(물질)은 어떻게 구성되었을까요? 불교에서는 색色을 물질의 최소 단위인 극미極微(분리할 수 없는 최소의 단위[원재])가 모여 만들어진 것으로 보았습니다. 그렇다면 최소 원소인 극미에서 어떻게 다양한 물질적 존재인 나무·인간·새 등이 만들어졌으며, 물질은 각각 그 성질이 어떻게 다른가라는 의문이 생깁니다. 극미는 사대四大 즉 견고성(地性), 습윤성(水性), 열성(火性), 유동성(風性)과 사대소조四大所造(사대로부터 만들어진 것으로 색깔이나 형태·냄새·맛·감촉)의 결합에 의해 다양한 물질을 구성한다고 합니다. 예를 들어 땅과 나무는 사대를 모두 갖추고 있지만 그 중에 견고성을 가장 많이 가진 물질입니다. 물은 습윤성을 가장 많이 가진 물질이지만 날씨가 추워 얼음이 되면 견고성을, 열성과 습윤성을 가장 많이 갖추면 끓는 물이 되고, 다시 물이 운동성을 가장 많이 갖추면 기체가 되어 증발해 버리는 것입니다. 이처럼 사대 중에서 어느 성질이 가장 두드러지게 나타나는가에 따라 물질의 성격이 결정됩니다. 따라서 극미는 물질의 양적인 최소 단위이고 사대는 물질의 질적인 최소 단위라고 할 것입니다.

다음은 정신작용인 수受(vedanā)에 대해 말씀드리겠습니다. 수는 12연기에도 등장하며, 유식사상에서 아뢰야식과 함께 작용하는 심소心所5)의 하나이기도 합니다. 수란 글자 그대로 '받을 수'(受)입니다. 그렇다면 무엇을 받아들인다는 것일까요? 바깥에 객관적으로 존재하는 여러 대상을 받아들인다는 것, 즉 감수한다는 것입니다. 그렇지만 '수'라는 정신작용은 바깥의 대상에 관한 정보를 무턱대고 받아들이거나 객관적으로 사물이나 현상을 감수하는 것이 아닙니다. 우리들은 철저하게 자신의 주관적인 감정을 가지고 있습니다. 다시 말해 감각기관을 통하여 자신이 좋아하는 것, 싫어하는 것, 경험, 취미 등을 바탕으로 대상을 아주 주관적으로 받아들입니다. 똑같은 여자를 보고 미인이라고 생각하는 사람도 있고, 그저 그렇다고 생각하는 사람도 있으며, 못생겼다고 생각하는 사람도 있습니다. 또는 똑같은 상황을 즐겁게 받아들이는 사람도 있고, 무덤덤하게 받아들이는 사람도 있으며, 아주 기분 나쁘게 받아들이는 사람도 있습니다. 이런 정신작용이 바로 수의 작용입니다. 그래서 이때 인간 각자의 개성이 나타나는 것입니다. 유식사상에서는 수를 삼수三受와 오수五

受로 구분합니다. 삼수는 '고'·'락'·고도 아니고 락도 아닌 '사捨'입니다. 오수는 '고'·'락'·'우憂'·'희喜'·고락우희도 아닌 '사'입니다. 오수에서 고와 락은 감각의 영역이고, 우와 희는 감정의 영역에 속한다고 할 것입니다. 그래서 수는 영어로 'feeling'이라고 번역합니다.

다음은 상想의 정신작용입니다. 이것은 글자 그대로 감각기관(目)을 통해 대상(木)을 마음(心)속으로 떠올리거나 그리는 작용입니다. '수受'라는 정신작용을 통해서 대상을 받아들이고 난 다음에 그것을 자신의 틀(범주)로써 정리하며 이해하는 것을 상이라고 합니다. 서양철학의 용어를 빌리면 일종의 표상작용입니다. 표상작용이란 '현재 이 순간에 지각하지 않는 사물이나 현상에 대해 마음으로 묘사하는 상像'을 말합니다. 즉 감각기관을 통해 받아들인 대상의 모습을 기억하여 그리는 것, 즉 감각 재료(센스 데이터)를 이미지화하는 작용입니다. 그래서 상을 영어로 'perception'이라고 합니다.

그런데 대상의 모습을 이미지화하기 위해서는 반드시 언어가 개입합니다. 다시 말해 우리들은 '이것은 노란 장미이다', '저것은 빨간 장미이다'라고 바깥 대상을 개념화(언어화)하여 인식합니다. 이처럼 대상을 개념화하는 정신적 작용도 상의 역할입니다.

다음은 행行(saṃskāra)입니다. 행이란 '간다'라는 의미입니다. 도대체 어디로 간다는 뜻일까요? 행이란 정신적 움직임이 일정한 방향으로 움직여 간다는 뜻입니다. 서양철학의 용어로 표현하면 일종의 '의지력意志力'입니다. 다시 말해 특정한 대상에 흥미를 품는 정신작용으로 기억, 추리, 상상의 정신작용입니다. 그래서 영어로는 'impulse'라고 합니다.

다음은 식識(vijñāna)입니다. 식이란 수에 의해 감수된 대상을 확실하게 식별하여 무엇인지 판단·사유하는 작용입니다. 식이란 범어 비즈냐나(vijñāna)를 번역한 것인데, 비즈냐나는 '쪼개다, 나누다'라는 의미의 접두사 비(vi)에 '알다'라는 동사어근 √즈냐(jñā)로부터 파생된 것으로, '둘(인식작용과 인식대상)로 나누어(분별) 알다'라는 뜻입니다. 즉 안식·이식·비식·설식·신식·의식의 여섯 가지 식(인식작용)이 색경·성경·향경·미경·촉경·법경의 여섯 가지 대상을 인식하는 움직임을 총괄하는 것입니다. 유식사상에서 말하는 제6의식에 해당되는 것으로, 영어로는 'consciousness'라고 합니다.

이처럼 불교에서는 물질(육체)인 색과 네 개의 정신작용인 수상행식이 가화합假和合한 것을 '생'이라고 합니다. 반면 조건(인연)이 다하여 가화합한 오온이 흩어지는 것을 '죽음'이라고 합니다. 그렇지만 이 다섯 개의 가화합의 집합체는 공, 연기임에도 불구하고(오온개공) 우리들은 '나'라고 착각하고 있는 것입니다. 그래서 우리의 삶은 괴롭습니다.

5. 죽음에는 말마를 끊는 고통이 동반된다

인간은 누구나 죽을 때 잠자듯이 편안하게 생을 마감하고 싶은 바람이 있습니다. 그 누구도 고통스럽게 생을 마감하고 싶지 않을 것입니다. 그렇지만 죽음은 극심한 고통을 수반한다고 합니다. 인간이 죽음을 두려워하는 이유 중에 하나가 죽음의 고통 때문일 것입니다. 그렇다면 죽을 때 어떤 고통이 동반될까요? 여기서는 현대 의학적인 설명은 전공자에 맡기고, 고대 인도인이 생각한 죽음의 고통에 대해 간단히 언급하겠습니다.

고대 인도에서는 인간이 죽는 순간 말마末魔를 끊는(斷) 고통이 찾아온다고 생각했습니다. 그래서 고대 인도에서는 죽음이 다가오는 그때를 '단말마斷末魔의 고통'이라고 합니다. 고대 인도인은 인간의 몸 속에 64개[6]의 말마가 있다고 생각했습니다. 범어로는 '마루만(marman)'이라고 합니다. 한역 불전에서는 마루만을 음사하여 '말마'라고 한 것입니다. 말마(마루만)란 인간의 '급소'를 말합니다. 이 급소(말마)에 무언가가 닿으면 격렬한 고통을 일으켜 인간은 죽는다고 합니다. 그래서 마루만을 죽음의 혈 즉 '사혈死穴' 또는 죽음의 마디 즉 '사절死節'이라고 번역합니다. 이런 이유에서 죽음을 맞이하는 것을 '단말마'라고 하고, 죽을 때의 고통을 '단말마의 고통'이라고 한 것입니다.

단말마의 고통을 겪은 자, 즉 망자는 드디어 명도冥途로 출발합니다. 망자는 사바세계(현세)에 이별을 고하고 '중음세계中陰世界(antarā-bhāva) 또는 중유세계中有世界'에 들어갑니다. 이른바 명계冥界 또는 명도로 여행을 떠납니다.

독자들이 평소에 접하지 않은 용어(명도, 명계, 중음세계, 중유세계, 사바세계)가 등장해서 부가적인 설명을 하겠습니다. 먼저 명도라는 말을 설명하겠습니다. 죽음의 여행을 명도의 여행이라고 하는데, 명도의 '명冥'은 '어둡다'는 의미이고, 도는 '길 도'(途) 자이므로, '어두운 길'이라는 뜻입니다. 명계란 '어두울 명'(冥), '경계 계'(界) 자이므로, '어두운 세계' 즉 암흑의 세계를 말합니다. 또 중음[7]이란 현세와 내세의 중간이기 때문에 '중'이라고 하며, 사후세계는 유명幽冥의 세계로 이동의 의미인 '음陰'이리고 합니다. 이처럼 불교에서는 사후세계를 어두운 세계로 표현하고 있습니다. 물론 서양(그리스신화)에서도 사후세계를 하데스가 지배하는 어두운 세계로 묘사하고 있습니다.

그리고 중유의 '중'은 중간, '유'는 '존재'를 의미합니다. 그래서 중유란 '중간의 불안정한 존재'를 의미합니다. 불교에서는 태어난 순간을 '생유生有', 죽음의 순간을 '사유死有', 그리고 태어나서 죽음까지를 '본유本有'라고 합니다. 그런데 불교에서는 윤회를 받아들이기 때문에 우리의 생은 반복한다고 합니다. 다시 말해 '생유', '본유', '사유'를 반복합니다. 그리고 '사유'에서 '생유' 사이를 '중유'라고 합니다. 즉 중유란 죽음에서 태어나기까지의 중간 기간을 말합니다. 이 기간에 망자는 7명의 재판관에게 재판을 받으며 49일 동안 여행을 하는 것입니다. 다시 말해 중음이란 재판의 시기이기도 합니다. 죽은 인간은 생전에 행한 것에 의해 극락에 가든지, 지옥이나 아수라에 떨어진다고 합니다. 그런데 망자가 죽자마자 바로 지옥이나 극락에 가는 것은 아닙니다. 대부분의 망자는 반드시 중음세계를 거칩니다. 단 예외가 있습니다. 극악무도한 죄인이나 지극히 선한 사람(善人)입니다. 다시 말해 바로 지옥이나 극락으로 가는 자는 극악무도한 사람이나 그 반대인 전혀 죄가 없는 선인뿐입니다.

불교에서는 가장 극악무도한 사람으로 부처님의 사촌 동생이자 제자였던 제바달다提婆達多를 꼽습니다. 제바달다는 범어 데바닷타(devadatta)의 음사입니다. 데바닷타는 천天 또는 신神이라는 의미의 데바(deva)와 '주다, 베풀다, 보내다'라는 동사원형 √dā의 과거수동분사 datta의 합성어로, '신이 보낸 자 또는 신에 의해 보내진 자'라는 아주 멋있는 이름입니다. 한역에서는 조달調達이라고 합니다. 그는 부처님을 해치려고 시도하다가 실패하고 바로 지옥에 떨어졌다고 합니다. 그런데 경전에서는 그를 악인으로 묘사하고 있지만, 경전의 기록과는 달리 데바닷타는 철저한 수행자였다고 합니다. 또 다른 경전에서

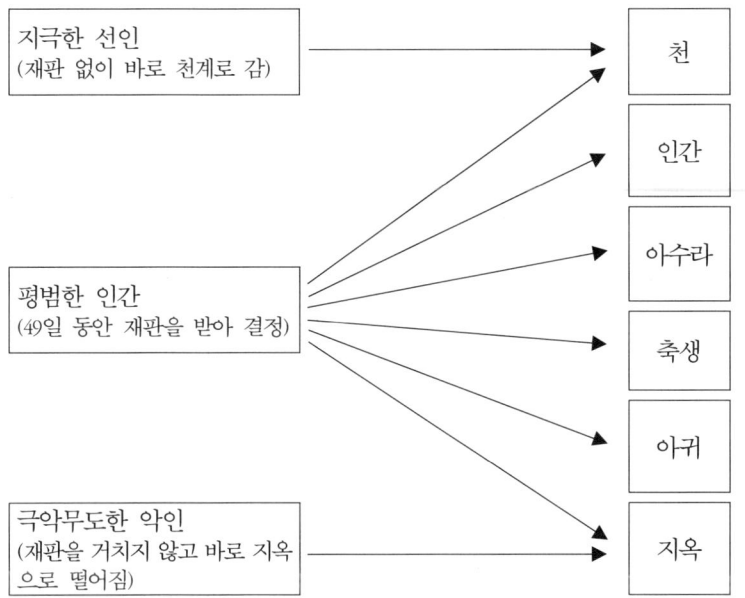

는 그의 죽음 이후에도 그를 따르는 제자들이 상당히 존재한 것으로 기록하고 있습니다. 부처님 말년에 그는 다섯 항목의 교단 개혁을 요구하였다고 합니다. 그가 주장한 다섯 항목은 다음과 같습니다.

- 숲 속에 머물며 지붕이 있는 곳에 머물지 마라.
- 탁발에 의해 먹으며 신자의 초대에 응하지 마라.
- 버려진 옷을 주워 세탁하여 꿰매어 입고, 신자로부터 보시 받은 것을 입지 마라.

- 생선과 고기를 먹지 마라.
- 우유와 버터를 먹지 마라.

이와 같은 요구사항을 볼 때 그는 철저한 수행자였다고 추측할 수 있습니다. 그러나 기록이 없어 정확한 이유를 알 수 없습니다만, 부처님께서는 데바닷타의 제안을 거절했다고 합니다.

끝으로 사바세계란 '잡다한 세계'라는 의미로, 범어로는 사하로카다투(sahā-lokadhātu)라고 합니다. 범어 사하(sahā) 또는 사바야(sabhāya)는 본래 '공포가 있는 땅'이라는 의미로, 이 세상을 번뇌로 가득 찬 괴로움의 세계로 파악한 말입니다. 한역에서는 '고통을 참는 땅'이라고 하여 인토忍土라고 합니다.

또한 사바세계에 살고 있는 우리를 중생 또는 유정이라고 합니다만, 이것은 범어 사트바(sattva)의 번역어로 '생명이 있는 것', '마음을 가진 자'(有情)라는 뜻입니다. '사트바'(sattva)는 동사원형 아스(as, 존재하다, 있다)로부터 파생한 현재분사 '사트'(sat)를 명사화(tva)시킨 것입니다. 구마라집은 사트바를 중생衆生(살아 있는 뭇 생명)이라고 번역하였으며, 삼장법사로 잘 알려진 7세기경 중국의 현장은 사트바를 '마음(情)을 가진(有) 자'라는 의미로 유정有情이라고 하였습니다. 현장의 제자이자 중국 법상종의 개창자인 자은대사 규기[8]는 사트바를 '감성

(情)과 이성(識)을 가진(有) 자', 즉 유정식有情識이라고 번역하기도 합니다. 두 분(현장과 구마라집)의 번역 중에 어느 것이 좋은지는 독자의 판단에 맡기겠습니다만, 필자에게 정감이 가는 번역은 구마라집의 번역입니다. 두 분의 번역 차이에 대해서는 필자의 졸저인 『왕초보반야심경 박사되다』를 참조하시기 바랍니다.

6. 망자는 의생신이다

중음세계의 망자는 육체는 없고 의식만 있습니다. 그래서 살아 있는 인간, 즉 사바세계의 인간 눈으로는 그들을 볼 수 없습니다. 망자는 모습 없는 모습 즉 의식밖에 없기 때문에 '의생신意生身[9])'이라고 하며, 중음세계에 거주하기 때문에 중음신中陰身이라고도 합니다. 또한 이들은 향을 먹는 자라는 의미로 건달바乾闥婆(gandharva), 건달박乾達縛이라고 음사하기도 합니다. 왜냐하면 이 중음세계를 여행하는 망자가 먹는 것이 향香이기 때문입니다. 이들은 극히 미세한 존재이므로 먹는 향의 양도 극히 적습니다. 이들을 다른 말로 식향食香(향을 먹는 자)·심향행尋香行(향을 찾으려 가는 자)·향음香陰·향신香神·심향주尋香主로 의역하기도 합니다. 그래서 망자가 중음세계를 여행하기 위해서 반드시 준비해야 할 음식은 향香입니다. 이런 이유에서 향밖에 먹을 수 없는 망자를 위해 살아 있는 자들은 불단에 향이 꺼지지 않게 아침저녁으로 향을 피웁니다. 이처럼 우리가 제사나 천도재를 지낼 때 향을 피우는 이유도 향이 망자(영가)의 음식이기 때문입니다. 그래서 사바세계에 있는 자들은 마음을 담아 정성스럽게 향을 피워야 하는 것입니다.

게다가 명도의 여행길, 즉 죽음의 길은 400킬로가 넘는 어둡고

험한 산길입니다. 독자들이 이해하기 쉽게 말하면 대략 서울-부산 간의 거리입니다. 이 먼 거리를 망자는 단지 별빛에 의지해서 걷습니다. 그리고 이곳에 한번 발을 들여 놓으면 결코 되돌아갈 수 없습니다.

또한 중음세계를 여행하는 망자는 혼자 외롭게 여행을 해야 합니다. 비록 죽은 순간이 같다 하더라도 각각의 길을 혼자서 걸어가야 합니다. 예를 들어 동반 자살하거나, 전쟁에서 공습을 받아 함께 죽거나, 비행기 사고나 배가 전복해서 동일한 시간에 죽더라도 혼자 여행하는 것이 중음세계의 원칙입니다.

2014년 4월 16일 인천-제주 간을 운행하던 세월호가 침몰하여 300여 명의 젊은이들이 거의 동시에 죽음을 맞이했습니다. 그렇지만 죽음의 여행은 각자 혼자서 쓸쓸하게 가야 합니다. 그래서 살아 있는 자도 죽은 자도 죽음을 두려워하는 것일지 모릅니다.

그런데 세월호 침몰사건처럼 18살의 젊은이들이 무슨 업보로 거의 동시간대에 죽음을 맞이했을까요? 그 젊은이들은 전생에 무슨 죄를 지었을까요? 현생에서는 어린 나이였기 때문에 특별히 지은 죄도 없었을 것입니다. 그런데도 거의 동시간대에 죽음을 맞이했습니다. 그들이 각자 다른 시간대에 죽음을 맞이했다면, 각자 전생의 업보 때문이라고 불교의 가르침대로 설명해 줄 수 있습니다. 그렇지만 18

살의 젊은이들이 거의 동시간대에 함께 죽음을 맞이한 이유를 설명하기는 힘듭니다. 물론 불교에는 각자의 업[10]도 있습니다만, 인간이기 때문에 짓는 공동의 업(共業)[11]이라는 가르침도 있습니다. 그렇지만 공업에 의해 동시에 죽음을 맞이했다는 설명으로 어린 자식을 잃은 부모의 마음을 달랠 수 있을지 의문입니다. 앞으로도 이런 사건이 일어나지 않는다는 보장은 없습니다. 그러므로 자식을 잃은 부모를 위해 공업의 가르침을 보다 체계화시키고, 불교 나름의 다양한 프로그램을 개발할 필요가 있습니다.

7. 망자의 재판은 어떻게 이루어지는가

불교에서는 사람이 죽으면 중음세계로 간다고 앞에서 말씀드렸습니다. 지금부터 망자가 중음세계를 여행하면서 전생에서 행한 업보에 따라 진행되는 과정, 즉 49일[12]간의 재판 과정을 기술하고자 합니다.

1) 망자의 첫 번째 재판, 진광왕의 법정에 서다

망자가 중음세계 즉 명도를 혼자 외롭게 걷고 있는 동안, 6일이 지나 처음으로 7일(初七日)을 맞이합니다. 여기서 망자는 중음세계의 최초 재판관인 진광왕秦廣王의 법정에 서야 합니다. 사바세계의 재판에는 본인이 직접 재판정에 서지 않고 변호사를 대리인으로 내세워 재판을 받거나 약식으로 하는 서류 재판이 많습니다만, 이곳에서는 망자 본인이 직접 출석해서 재판을 받습니다.

먼저 첫 번째 재판관인 진광왕이 죽은 자에게 "너는 생전에 무익한 살생을 했는가?"라고 묻습니다. 다시 말해 아무 이유 없이 산 생명을 해쳤는지를 묻는 것입니다. 이 물음에 주저 없이 "예, 저는 무익한 살생을 한 적이 없습니다"라고 대답하는 망자는 없을 것입니

제1장 중음세계와 사십구재 45

진광대왕

다. 인간을 죽인 적은 없을지라도 자신도 모르게 살아 있는 뭇 생명을 해쳤을 것입니다. 예를 들면 망자는 개구리나 개미를 장난삼아 죽였거나 또는 자기를 무는 모기나 파리를 때려잡았을 것입니다. 비록 죽인 상대가 벌레나 곤충이지만 생명을 뺏은 것은 분명합니다. 그러므로 진광왕은 망자에게 무익한 살생의 죄를 묻는 것입니다. 그래서 불교는 살아 있는 생명을 함부로 해치지 말라고 합니다. 그렇지만 실천하기는 힘듭니다. 사실 필자도 이 책을 집필하고 있는 오늘 파리를 두 마리나 때려잡았습니다. 저도 중음세계에 가면 다른 망자와 똑같이 살생의 물음을 진광왕에게 받을 것입니다. 그런데 여기서 망자가 죄를 솔직하게 인정하고 잘못을 빌면서 "진광대왕님! 죄송합니다. 비록 무익한 살생을 수없이 저질렀습니다만, 대부분 제 육신을 보존하기 위해 저지른 살생입니다. 그렇지만 나쁜 짓만 한 것은 아닙니다. 좋은 일도 한 적이 있습니다. 용서해 주십시오"라고 애원하면, 진광왕은 "그렇다면 앞으로 7일간 판결을 미루겠다. 7일 후에 초강왕初江王에게로 가서 재판을 받거라"라고 말합니다.

진광왕에게 7일간 판결의 유예를 받은 망자는 계속 중음세계를 여행하게 됩니다. 그다음 7일 동안 망자는 삼도강三途江 또는 삼도천三途川을 건너야 합니다. 그런데 삼도강이란 경전에 근거한 이야기가 아닙니다. 심지어 『구사론俱舍論』 등의 인도불교 문헌에도 삼도강이라는 명칭은 등장하지 않습니다. 『무량수경無量壽經』 등에는 비슷한 표현이 등장하기는 합니다만, 삼도강과 동일한 의미라고 단정할 수는 없습니다. 그렇다면 삼도강이라는 명칭은 어디에 근거한 것일까요? 삼도강은 중국 문헌에도 등장합니다만, 주로 일본 불교문헌에 가장 많이 등장하는 용어입니다. 그래서 삼도강은 단정할 수 없지만, 일본 불교도의 죽음관이라고 할 수도 있습니다. 물론 한국과 중국 불교도의 죽음관에도 지대한 영향을 미쳤습니다.

삼도강에는 다리가 걸려 있습니다. 유교도有橋渡라고 하는 이 다리는 오직 선인만이 건널 수 있는 다리입니다. 그렇지만 이런 선인은 이미 극락에 갔기 때문에 애초에 여기에 올 이유가 없습니다. 여기에 온 이상 망자는 모두 강을 건너야 합니다. 악인이면 악인일수록 수심이 깊고 흐름이 격렬한 곳을 건너야 하는데, 그곳을 산수뢰山水瀨(파도의 높이가 산처럼 높고 격렬하게 흐르는 곳), 강심연江深淵(강물이 깊은 곳)이라고 합니다.

그런데 죽은 자가 강을 건넌다는 설화는 세계에 널리 퍼져 있습니다. 인도의 신화뿐만 아니라 고대 페르시아의 조로아스터교 신화에서도 이 세상과 저 세상 사이에는 긴 다리가 걸려 있는데, 죽은 자는 그 다리를 건너야 한다고 합니다. 그리고 선인이 건너면 다리의 폭이 넓어지고 죄를 많이 지은 악인이 건너면 다리의 폭이 좁아진다고 합니다.

삼도강을 건너는 뱃삯은 여섯 냥(六道錢)입니다. 그래서 관 안에 여섯 냥을 넣어 주는 것이 예로부터의 풍습이었습니다. 삼도강을 건너는 데 뱃삯이 여섯 냥인 것은 불교의 육도윤회로부터 나온 것이라고 생각됩니다. 즉 사후에 여섯 세계가 있다는 사고방식 때문입니다.

이런 사고방식은 불을 숭배하는 종교인 조로아스터교를 믿었던 중앙아시아의 쿠샨인들도 가지고 있었다고 하는데, 그들은 망자의 입에 저승에 가져갈 노잣돈을 넣어 주었다고 합니다. 그리고 중국인들 역시 이러한 저승 노잣돈에 대한 관념을 가지고 있었습니다.

우리나라에서도 예부터 죽은 이에게 주는 돈이 있습니다. 그것을 지전紙錢(종이로 엽전의 모양을 만든 것) 또는 저승길에 사용할 노잣돈이라고도 합니다. 신라시대 월명사 스님이 죽은 누이의 재를 올리며 「제망매가祭亡妹歌」라는 향가를 읊었는데 홀연 바람이 불어 '지전'이 서쪽으로 사라졌다고 합니다. 이처럼 신라시대에는 저승길 노잣돈이 있었던 것 같습니다. 이런 영향으로 무덤에 망자가 생전에 사용한 물건이나 금은보화를 넣는 풍습 역시 망자를 위한 '노잣돈'의 의미가 담겨 있다고 할 수 있을 것입니다.

그리고 삼도강 건너에는 의령수衣領樹[13]라는 나무가 있는데, '옷 의'(衣), '받을 령'(領), '나무 수'(樹) 자이므로 '옷을 받는 나무'라는 뜻입니다. 그 나무 아래에는 노인과 노파가 죄인을 기다리고 있습니다. 노인의 이름은 현의옹懸衣翁이라고 하는데, '매달 현'(懸), '옷 의'(衣), '늙은이 옹'(翁) 자이므로 나무에 옷을 거는 노인이라는 뜻입니다. 노파의 이름은 현의구懸衣嫗라고 하는데, 다른 이름은 탈의바奪衣婆라고 합니다. 탈의바란 '빼앗을 탈'(奪), '옷 의'(衣), '할미 파(음역자 바)'(婆) 자이므로, 이름 그대로 망자의 옷을 벗겨 빼앗는 것이 중요한 임무입니다. 그래서 노파가 뺏은 죄인의 의복을 노인에게 건네면, 노인은 옷을 의령수에 걸어 놓습니다. 그러면 망자가 생전에 범한 죄의 경중輕重에 따라 가지가 휘어집니다. 이 결과를 가지고 망자는 다음 재판관인 초강왕 앞으로 가게 됩니다.

그런데 죽은 자는 강을 건너기 전에 이쪽 강 언덕, 즉 차안此岸(사바세계)을 통과해야 합니다. 이쪽 강 언덕은 어른이 되어 죽은 자에게는 특별한 의미가 없습니다만, 어릴 때 죽은 자에게는 대단히 중요한 곳입니다. 이곳에서 많은 어린 망자들은 열심히 돌로 탑을 쌓습니다. 어린 망자가 탑을 쌓는 것은 보시를 실천하기 위한 것입니다.

2) 무주상보시를 실천하자

앞에서 보시라는 중요한 말이 등장했으므로 보시에 대해 부가적인 설명을 하겠습니다. 보시布施(dāna)란 범어 '주다, 베풀다'라는 의미의 동사원형 √dā에 명사형을 만드는 'ana'가 붙은 말입니다. 그래서 중국에서는 '널리, 두루'라는 의미의 보布와 '베풀다'라는 의미의 시施, 즉 자신이 가진 것을 남에게 '두루 베풀다'라는 의미로 '보시'라고 번역했습니다. 그래서 보시, 즉 자신이 가진 것을 남에게 베푸는 것은 대승 불교도에게 중요한 수행 중의 하나입니다. 보시는 일반적으로 세 종류로 구분합니다.

첫째는 재보시財布施입니다. 재보시는 남에게 재화나 물건을 베푸는 것으로, 남의 신체를 이익 되게 하는 것입니다. 그래서 경건한 불교도는 절에 보시를 하여 불법 부흥에 기여합니다. 즉 절을 세운다든지, 탑을 조성하는 것도 재보시입니다. 혼자서 하는 보잘 것 없는 기부이지만, 이것이 모이면 절을 지울 수 있습니다. 진심을 다한 기부는 훌륭한 보시가 되는 것입니다.

둘째는 무외보시無畏布施입니다. 무외보시는 두려움을 없게 해 주는 것으로, 타인의 마음을 이익 되게 하는 것입니다. 우리들이 가장 두려운 것은 질병, 죽음 등입니다. 이런 두려운 것을 없애 주는 보시가 무외보시입니다.

셋째는 법보시法布施입니다. 법보시는 진실의 가르침을 주는 것으로, 타인의 선한 인생을 도와 이익 되게 하는 것입니다. 즉 부처님의 가르침인 진리를 타인에게 베푸는 것입니다.

그러나 진정한 보시란 보시하는 자, 보시를 받는 자, 보시물의 3자를 초월하는 것입니다.[14] 다시 말해 공의 입장에서 보시를 해야 합니다.

불교에서 가장 뛰어난 보시는 무주상보시無住相布施입니다. 무주상보시란 '상相(보시를 했다는 잘못된 생각)에 머물지 않는(無住) 보시'라는 뜻입니다. 상에 머물지 않는 보시를 실천할 때에 참다운 수행과 한량없는 공덕을 얻어 아누다라삼먁삼보리阿耨多羅三藐三菩提(무상정등각)라는 최고의 깨달음을 성취할 수 있다고 합니다. 그런데 앞에서 상相이라는 말이 등장했습니다. 중요한 개념이기에 부가적인 설명을 해드리겠습니다. 『금강경金剛經』에서는 상(잘못된 생각)을 아상(자아)과 인상(개아)과 중생상과 수자상의 네 가지로 나누어 설명합니다.

먼저 아상我相(ātman-saṃjñā)이란 '나'라는 실체가 존재한다는 생각(想)이라는 뜻입니다. 인도 정통사상(astika)에서는 초월적 실재자를 브라만(brahman), 내재적 자아를 아트만(ātman)이라고 합니다. 그래서 브라만과 아트만의 궁극적 합일을 깨달음이라고 합니다. 다시 말해 '범아일여梵我一如'(tat tvam asi)를 강조하고 있습니다. 범아일여, 즉 '타트 트밤 아시'(tat tvam asi)에 대해 자세하게 설명하겠습니다. 'tat'는 영어의 지시대명사 'it'(그것)의 의미로, 구체적으로 말하면 'tat'는 우주의 보편 법칙인 '브라만'(brahman)을 의미합니다. 'tvam'은 영어의 2인칭 당신(you)과 같은 의미이며, 구체적으로는 '아트만'(ātman)입니다. 그리고 'asi'는 동사원형 √as(이다, 존재하다)의 2인칭 단수형으로, 영어의 be동사와 같은 의미입니다. 따라서 '타트 트밤 아시'(tat tvam asi)를 직역하면 '너(tvam, 아트만)는 그것(tat, 브라만)이다(asi)'라는 의미가 됩니다. 그래서 'tat tvam asi'를 일본학자가 범아일여사상으로 번역하였던 것입니다. 그러나 불교에서는 '제법무아諸法無我'라고 하여 존재하는(法) 모든 것(諸)에 초월적·내재적·불변의 실체적 자아를 인정하지 않습니다(無我).

인상人相(pudgala-saṃjñā)이란 '인간'이라는 실체가 존재한다는 생각을 말합니다. 인상, 즉 푸드갈라란 부파불교 중의 하나인 독자부에서 주장한 것으로, 윤회의 주체로 상정한 것입니다. 불교는 인도정통사상으로부터 윤회를 받아들였습니다. 그러면서도 '무아'를 주장하게 되어 윤회와 무아의 모순 해결을 고민하게 되었습니다. 이 모순점을 해결하기 위해 독자부에서 윤회의 주체로 주장하였던 것이 푸드갈라였습니다. 참고로 유식사상에서는 인간의 모든 행위를 종자로써 저장하는 아뢰야식을 윤회의 주체로 보았습니다.

중생상衆生相(sattva-saṃjñā)이란 '살아 있는 생명체'(식물은 제외)가 존재한다는 생각이라는 의미입니다.

수자상壽者相(jīva-saṃjñā)이란 자기는 '영혼'을 가진 고귀한 존재라는 생각을 말합니다. 수자(영혼)는 일반적으로 자이나교에서 주장한 것으로, 자이나교에서는 '영혼'(지바)을 실재로서 인정하며 지바는 업(물질적 존재)에 구속을 받는다고 하였습니다. 그리고 윤회의 고통에서 벗어나기 위해서는 과거에 지은 업과 새롭게 유입流入하는 업을 제어해야 한다고 합니다. 업을 제어하는 방법으로는 무소유, 고행 등을 실천하는 것입니다. 그래서 업(karma)을 없애 최후에 지멸止滅시키는 것이 해탈(mokṣa)이라고 하였습니다. 그러나 불교에서는 이 네 가지 상의 실재를 부정합니다. 이처럼 아(자아, ātman)와 인(개아, pudgala)과 중생(sattva)과 수자(jīva)라는 것은 결국 무아를 주장하기 위한 다른 표현에 불과한 것입니다. 이것이 『금강경』의 근본 사상이라고 할 것입니다.

그런데 『금강경』의 한역자인 구마라집은 '삼즈냐'(saṃjñā)를 '서로 상'(相)으로 한역하였지만, 『금강경』의 또 다른 한역자인 현장은 '생각 상'(想)으로 한역하였습니다. 이처럼 현장은 실재하는 것이 아니라 상想, 즉 '생각'(取像, 取相)으로 번역하였습니다. 필자는 현장의 번역이 문법적으로 정확한 번역이라고 생각합니다.

대승불교는 기존의 불교와는 달리 출가자만 구제를 받는 것이 아니라 재가자도 구제받는 길이 있다고 주장합니다. 즉 대승불교는 모든 중생을 구제한다는 의미를 담고 있습니다. 대승의 범어에 해당하는 '마하야나'(Mahāyāna)는 '크다'는 의미를 취하여 '큰 수레'(大乘)라고 합니다. 그래서 소승(작은 수레), 즉 히나야나(hinayāna)가 자전거라면 대승은 기차에 비유할 수 있으며, 여기에는 '모든 사람들을 구제하겠다'는 소망이 담겨 있다고 할 것입니다. 그러므로 재가신자라도 부처님께 구제받고 싶다는 원願을 세우고, 타인을 위해 보시를 실천하는 것이 진정한 불교도라고 할 것입니다.

여기서 사족을 하나 덧붙이고자 합니다. 앞에서 필자가 '소승'이라고 표현했습니다만, 이 명칭은 대승에서 일방적으로 붙인 차별용어입니다. 불자들께서는 가능한 사용해서는 안 됩니다. 그러므로 장로(thera)파(vāda)라는 의미인 테라바다(theravāda) 또는 인도의 남쪽(南) 방향(方)으로 전해진 불교라는 의미인 남방불교南方佛敎라고 부르는 것이 타당합니다.

3) 최상의 보시는 사무량심을 일으켜 화안애어와 회광반조를 실천하는 것이다

주제와 조금 벗어났습니다만, 삼도강의 설명으로 되돌아가겠습니다. 어릴 때 죽은 아이는 살아 있는 동안 보시를 실천할 시간적 여유나 경제적 능력이 없었습니다. 즉 선행을 쌓을 틈이나 능력이 없었습니다. 게다가 불교의 가르침을 듣고서 알기도 전에 망자가 되었습니다. 이런 이유로 중음세계에서 재판을 받는 동안 죽은 아이는 사바세계에 살았을 때 아무 것도 할 수 없었다는 고통에 시달립니다. 그래서 삼도강 언덕에 온 지금, 보시를 실천하기 위해 돌을 쌓아 탑을 만드는 것입니다. 어린 망자가 공덕(보시)을 쌓기 위해 탑을 만드는 이야기는 경전에 근거한 것은 아닙니다만, 『법화경法華經』에 어린 아이가 모래로 탑을 쌓고 놀아도 공덕이 된다는 가르침은 있습니다.

그런데 어린아이가 작은 돌로 만든 탑은 불안정하여 곧 무너집니다. 그렇지만 아이들은 필사적으로 추위에 얼어붙은 손으로 탑을 쌓습니다. 탑이 완성되어 안도의 숨을 쉬면 삼도의 귀신이 와서 철봉으로 한순간에 탑을 파괴해 버립니다. 귀신은 탑을 파괴할 뿐만 아니라 아이들을 철봉으로 때리기도 합니다. 그리고 울고 있는 아이들에게 "왜 우느냐. 너희들은 죄를 짓지 않았느냐. 나를 원망하지 마라. 너 자신을 원망해라. 너희들을 위해 아무 것도 하지 않는 부모를 원망하라"라고 말합니다.

그런데 불교 교리에 따르면 아이의 죄는 대단히 무거운 것입니다. 왜냐하면 자신이 너무 빨리 죽어 부모를 슬프게 했기 때문입니다. 부모에게 자식이 먼저 죽는 것만큼 슬프고 괴로운 것은 없습니다. 부모를 이러한 슬픔에 빠지게 한 것은 죽은 아이의 책임입니다. 그래서 아이는 삼도강 언덕에서 귀신에게 고통을 받는 것입니다.

그뿐 아니라 어린 망자는 삼도강을 건널 수가 없습니다. 어린 망자는 죄가 무겁기 때문에 강에 걸려 있는 다리를 건너지 못하게 합니다. 게다가 강에 들어가면 몸이 작아 강물에 빠져 버립니다.

그렇다면 이 아이들은 영원히 삼도강 언덕에 머물며 괴로워해야 할까요? 여기서 부모의 존재가 중요하게 됩니다. 선행을 쌓거나 보시를 할 여유가 없었던 자식을 대신해 사바세계에 있는 부모가 수행을 해야 하는 것입니다. 그런데 단지 슬퍼만 하고 아무 것도 하지 않는 부모가 많습니다. 그래서 중음세계의 귀신은 "나를 원망하지 마라. 너희 부모를 원망하라"라고 말하는 것입니다.

중음세계를 여행하고 있는 어린 망자 대신에 부모가 할 수 있는 보시는 어떤 것이 있을까요? 불사나 불탑을 조성할 수 있는 보시금을 낼 수도 있고, 천도재를 지내며 법공양을 할 수도 있습니다만, 일상생활에서 할 수 있는 보시를 꼭 실천해야 합니다. 다시 말해 사바세계의 부모는 어린 망자를 위해 일상에서 자慈・비悲・희喜・사捨의 네 가지 무량한 마음을 일으켜 화안애어和顔愛語의 보시를 실천하는 것입니다. 즉 자비희사의 마음으로써 타인에게 웃는 얼굴로 대하고 부드럽게 말을 거는 보시입니다. 이것은 누구나 할 수 있는 보시이지만, 그렇다고 결코 쉬운 보시는 아닙니다.

물론 자식을 잃은 부모의 슬픔이나 절망감은 말로 표현할 수 없을 것입니다. 그것은 아이를 잃은 부모 이외에는 알 수 없습니다. 그렇다고 해서 울고만 있는 것은 삼도강 언덕에 있는 아이를 더욱더 슬프고 괴롭게 하는 것입니다. 슬퍼하고 절망한다고 죽은 자식이 살아서 돌아오는 것도 아닙니다. 그러므로 어린 망자를 위해 부모가

해야 할 중요한 도리는 자비희사의 마음으로 화안애어의 보시를 실천하면서 자신을 되돌아봄을 잊어서는 안 된다는 것입니다. 다시 말해 '회광반조廻光返照' 또는 '반조자심反照自心'으로 사는 것이 중요합니다. 회광반조란 '돌 회'(廻), '빛 광'(光), '돌아올 반'(返), '비출 조'(照), 즉 '밖으로 향하고 있는 빛을 되돌려 안으로 향하여 비춘다'는 의미로, 이른바 '자기의 시선을 밖으로 향하는 것이 아니라 자기 내면으로 향하여 자신의 마음을 점검(반성)한다'는 뜻입니다. 자신의 내면을 점검하는 것은 바로 수행을 말하는 것입니다. 그리고 우리가 수행하는 것은 수선단악修善斷惡을 실천하기 위한 것입니다. 이처럼 부모는 어린 망자를 위해 사무량심四無量心, 화안애어, 회광반조, 즉 수선단악(수행)을 실천하면서 언제까지나 슬퍼하지 말고 자식을 잊어야 하는 것입니다.

4) 모든 것은 망자의 자업자득에 의해 결정된다

아직 세상의 빛을 보지 못한 뱃속의 아이를 태아라고 합니다. 일본에서는 수자水子라고 하는데, 태어나서 며칠 후에 죽은 아이도 수자(태아) 또는 영아嬰兒(갓난아이)라고 합니다. 그러나 일반적으로 수자란 태어나자마자 죽은 아이를 말하는 것으로, 부모의 얼굴을 보지 못했기 때문에 '햇빛을 보지 못한 아이'라고 합니다. 또는 수자는 유산流産, 사산死産 등으로 목숨을 잃은 생명을 말하기도 합니다. 한국에서는 보통 '수자'를 세상을 보지 못하고 태아의 상태에서 죽은 자로 해석하며, 이런 태아를 위해 부모가 공양하는 것을 일본의 '수자공양'이라는 말을 빌려 와 '태아공양'이라고 합니다.

일본에서는 2차 대전 이후 급속한 경제 발전이 이루어졌고, 이에 수많은 태아가 낙태로 인하여 생명을 잃었습니다. 그래서 60년~70년대 이후 낙태로 괴로워하던 부모들과 낙태를 당한 태아를 위로하기 위해 수자공양(태아공양)이 유행하게 되었습니다. 특히 절 경영이 어려워진 일본 불교계에서 태아공양을 대대적으로 선전하여 상업적으로 이용한 덕분에 급속하게 유행되었습니다. 우리나라에서도 60년대야 70년대를 거쳐, 80년대 중반까지 가족계획이라는 명분 아래 수많은 태아가 낙태를 당해 생명을 잃었습니다. 그리하여 90년대 이후 생명에 대한 존중사상과 더불어, 일본에서처럼 낙태로 괴로워하는 부모들과 낙태를 당한 태아를 위로한다는 명목으로 절에서 적극적으로 태아공양(수자공양)을 권하게 되어, 한국에서도 유행하게 되었습니다.

그런데 청소년 성장기를 다룬 영화나 드라마를 보면 사춘기의 청소년이 부모에게 "내가 낳아 달라고 했나! 태어나고 싶어서 태어난 것도 아니잖아! 자기들 마음대로 태어나게 하고서 잔소리야!"라고 말합니다. 이런 말을 사랑하고 아끼는 자식에게서 들은 부모의 심정은 어떨까요? 대부분의 부모는 순간 어안이 벙벙해 아무 말도 못할 것입니다.

그러나 불교에서는 자식은 '부모에게 부탁해서 태어났다'고 합니다. 다시 말해 불교에서는 윤회전생의 혼은 스스로의 의지로 태어났다고 합니다. 부모가 성교할 때 사정射精하는 순간 정자를 타고 날아가서 난자와 만나 생명을 얻은 것입니다. 부모에게서 태어남을 받은 것이 아니라 스스로 태어났다는 것, 즉 부모에게서 태어났다는 주체적인 행동을 한 것이라고 합니다.

그러므로 그 후 유산에 의해 이 세상에 태어나지 못해도, 어릴 때 교통사고로 죽어도, 세 살 때 홍역으로 죽어도, 모든 것은 본인의 책임입니다. 다시 말해 장수하여 늙어서 죽어도, 세 살의 어린 나이에 죽어도 자기 책임인 것입니다. 태아영가도 예외는 아닙니다. 이처럼 불교는 철저하게 자업자득의 원칙입니다. 그 누구도 자신의 죄를 대신해 줄 수 없습니다.

그래서 어릴 때 죽은 자는 부모를 슬프게 한 죄가 추가되는 것입니다. 부모가 괴로우면 괴로운 만큼 아이의 죄는 무겁게 됩니다. 그러므로 아이를 잃은 부모는 하루 빨리 아이의 죽음을 잊어 주는 것이 가장 큰 공양입니다. 오해받을 소지가 있습니다만, 제사를 지내거나 추모행사를 개최하는 것도 잘못된 것이라고 할 수 있습니다. 불교에서는 망자를 잊어 주는 것이 최선의 공양입니다. 요즈음 죽은 자식을 잊지 못하고 자식의 흔적을 남기기 위해 나무를 심거나 유품을 고이 간직하는 부모를 본 적이 있습니다. 이런 행위는 새로운 슬픔을 낳을 뿐입니다. 불교의 입장에서 보면 그다지 좋은 행위라고 할 수 없습니다.

그래서 유교에서는 망자가 죽은 지 3개월이 되면 지내는 제사인 졸곡제卒哭祭가 있으며, 불교에서는 죽어서 90일이나 100일이 되는 날을 졸곡기卒哭忌라고 합니다. 졸卒이란 끝내다 즉 졸업의 의미이고, 곡哭이란 소리 내어 통고해서 운다는 뜻이며, 기忌란 기일의 의미입니다. 그래서 졸곡기란 '통곡하며 우는 것을 그만두는 날'이라는 뜻입니다. 즉 졸곡기는 '사별死別의 슬픔으로부터 이별을 고하는 날'이라는 의미입니다. 그러므로 죽은 자식을 하루 빨리 잊는 것도 자식을 좋은 곳으로 보내는 하나의 방법입니다. 그래서 '부모는 자식이 죽으면 가슴에 묻는다'는 속담이 있는지도 모르겠습니다.

5) 지옥의 중생을 구제하는 이는 지장보살이다

중음세계에는 죄인을 괴롭히는 옥졸[15]이나 죄인의 잘못을 심판하는 재판관 그리고 망자만이 있는 것이 아닙니다. 중음세계에는 망자에게 구제의 손길을 뻗고 있는 지장보살地藏菩薩도 계십니다. 지장이란 범어 크시티가르바(kṣiti-garbha)의 번역입니다. '크시티'(kṣiti)는 '대지大地', 가르바(garbha)는 '저장, 창고, 자궁'의 의미이므로, 지장보살이란 '대지처럼 모든 것을 저장하여 중생을 구제해 주는 보살'이라는 뜻입니다. 다시 말해 모든 지옥 중생의 고통을 품어 구제해 주는 보살입니다. 또는 지장보살의 장藏을 '감출 장'(藏)으로 해석하여 중생을 구제하기 위해 자신이 입고 있던 옷까지 모두 중생에게 보시하였기 때문에 땅속에 몸을 감추었다고 해석하는 경우도 있습니다.

독자들께서도 잘 알고 계시겠지만 사찰 전각 중에 명부전冥府殿이 있습니다. 명부는 '어두울 명'(冥), '곳집 부'(府)로 이루어진 말입니다. 이 명부전에 모신 보살이 지장보살입니다. 그래서 전각 이름이 명부전입니다. 지장보살은 부처님께서 입멸하신 후 미래에 미륵보살이 부처가 되어 이 세상에 오실 때까지, 즉 부처님이 안 계시는 동안(無佛時代)에 우리(중생)를 구제해 주는 보살입니다. 지장보살은 인간세계뿐만 아니라 지옥에서 천계, 즉 육도세계의 모든 곳에서 구제의 손길을 뻗칩니다. 지장보살은 구제를 바라는 중생의 고통스러운 소리가 들리면 어디든지 달려가서 중생을 구제해 줍니다. 그렇다면 지장보살은 무엇 때문에 중생을 구제하기 위해 동분서주로 달려갈까요? 지장보살은 '지옥에 한 명의 죄인이라도 있으면 성불하지 않겠다'는 서원을 세운 보살이기 때문입니다.

이뿐만 아닙니다. 지장보살은 보살임에도 불구하고 머리를 깎고 지팡이(錫杖)를 들고 출가자의 복장을 하고 있는 모습이지만, 아주 서민적이며, 우리에게 매우 친숙한 존재입니다. 게다가 중음세계에서 귀신에게 시달리고 있는 아이들도 구제해 줍니다. 그래서 지장보살의 모습은 근엄하기보다는 온화한 모습이 많습니다. 심지어 일본에서는 아기보살처럼 귀여운 모습을 하고 있기도 합니다. 그런데 한국 사찰의 명부전에는 지장보살만 모셔져 있는 것이 아닙니다. 중음세계의 재판관인 10명의 왕, 즉 시왕十王이 함께 모셔져 있는 것이 명부전의 특징입니다. 시왕에 대해서는 나중에 자세하게 설명하겠습니다.

6) 두 번째 재판관 초강왕의 법정에는 추선공양이 필요하다

14일째 되는 날, 즉 이칠일二七日 날 망자는 초강왕에게 두 번째 재판을 받습니다. 삼도강을 건넌 망자는 탈의바에게 옷을 빼앗겼기

초강대왕

때문에 나체로 초강왕의 법정에 섭니다. 두 번째 재판관인 초강왕은 죄의 무게에 따라 의령수 가지가 구부러진 상태를 이미 탈의바에게 보고 받았습니다. 탈의바의 보고를 근거로 초강왕은 죽은 자에게 "너의 죄는 무겁다. 지옥으로 가거라"라고 말합니다. 그러면 망자는 "초강대왕님! 죄송합니다. 가족을 먹여 살리려고 하다 보니, 수행을 게을리하고 돈벌이에만 급급했습니다. 하지만 저희 가족이 '추선공양追善供養'을 해 줄 것이라고 생각합니다. 관대한 처벌을 부탁드립니다"라고 애원합니다. 그러면 초강왕은 "그렇다면 7일 후에 송제왕에게 가서 재판을 받거라"라고 하며 또다시 7일간 선고를 유예합니다.

앞에서 추선공양이라는 말이 나왔습니다. 중요한 말이기 때문에 간략하게 설명하겠습니다. 사바세계 유족의 추선공양은 망자가 생전에 행한 선행과 악행의 비중을 개선하는 역할을 합니다. 중음세계를 여행하는 동안 죽은 자는 7일마다 재판정에 서게 됩니다. 재판정에 나온 망자는 재판관에게 여러 가지 간청이나 변명을 합니다. 이때 도움을 주는 것이 사바에 있는 유족의 '추선공양'입니다. 추선追善이란 선행을 추가한다는 의미이고, 공양供養(pūjā)이란 양식이나 꽃을 바친다는 의미입니다. 그러므로 추선공양이란 '선행(善)을 추가(追)하는 공양', 즉 중음세계를 여행하는 망자에게 사바세계의 유족이 무언가 도움이 되는 행위를 하는 것을 말합니다.

그런데 불교는 자업자득의 가르침입니다. 그렇다면 추선공양은 어떻게 자업자득과 양립 가능할까요? 추선공양과 비슷한 말로 회향回向 또는 회향廻向이라는 말이 있습니다. 회향이란 어떤 사람이 열심히 수행하여, 그 수행의 공덕을 다른 사람에게 돌리는 것을 말합니다. 그래서 이 회향을 죽은 자에게 돌리는 것이 추선공양입니다. 죽은 자가 보시나 수행을 하지 않고 죽었다고 하더라도 유족이 나중에 보시를 실천하여 그 보시의 공덕을 죽은 자에게 돌릴 수가 있는 것입니다. 즉 죽은 자가 중음세계에서 재판을 받을 때 선행이 추가된다고 생각하는 것입니다.

이 때문에 사바세계의 유족은 망자를 위해 49일 동안 추선공양, 즉 49재를 지내는 것입니다. 또한 망자는 재판을 받는 49일 동안 유족의 추선공양을 기대하면서 중음세계를 계속 여행합니다. 그래서 망자는 초강왕에게 "저희 가족이 추선공양을 해 줄 것입니다"라고 말하는 것입니다.

그런데 요즈음 49재를 망자를 위한 통과의례로 생각하는 유족(불자)이 많은 것 같습니다. 이런 이유 때문인지 49재의 모든 진행 절차를 스님에게 맡기고 유족은 아무 것도 하지 않는 경우가 많습니다. 그렇지만 49재 동안 유족들이 해야 할 일은 유족 자신이 반드시 해야 합니다. 그래야만 망자에게 추선공양으로 돌아갑니다.

7) 세 번째 재판관 송제왕은 사음죄를 묻는다

불교에서는 불교도가 지켜야 할 규범을 계율이라고 합니다. 그렇지만 '계'와 '율'은 다른 것입니다. 계는 범어 '반복해서 행하다'라는 뜻의 √śīl에서 온 말인 '실라'(śīla)의 번역입니다. 음사하여 시라

羅라고 합니다. 『대비바사론大毘婆沙論』에서는 시라尸羅에 청량淸凉(밝고 서늘하다), 안면安眠(계를 지켜 청량하면 잠을 편안하게 잘 수 있다), 수습數習(계는 반복해서 익히는 것이다), 엄구嚴具(계를 지키면 그 사람 신체는 기품이 나타난다), 명경明鏡(계를 지키면 성품이 맑은 거울과 같다), 두수頭首(계는 모든 행위의 시작이다) 등의 의미가 있다고 합니다만, 가장 일반적인 의미는 청량이라고 정의하고 있습니다. 즉 계를 지키므로 열뇌熱惱(번뇌와 괴로움)가 없어지고 심신이 상쾌하게 되기 때문에 이렇게 정의하고 있는 것 같습니다.

쉽게 설명하자면 계는 출가자와 재가자가 지켜야 할 윤리 내지 도덕입니다. 즉 계란 자율성을 바탕으로 한 양심적인 것입니다. 그래서 계를 어겼다고 하여 물리적인 제재를 하지는 않습니다. 어쩔 수 없이 거짓말을 할 수밖에 없었던 사정이 있어 거짓말을 했다면 그것에 대해 자신이 부끄러워하고 깊이 반성하면 되는 것입니다. 즉 참회를 하면 됩니다.

유식사상에서는 이렇게 반성하며 부끄러워하는 것을 참慚(hri)과 괴愧(apatrāpya)라고 합니다. 둘 다 부끄러워하는 마음의 작용입니다. 먼저 참은 자신의 양심이나 진리(부처님의 가르침)에 비추어 보아 부끄러워하는 마음의 작용입니다. 다시 말하면 참은 내면적이고 자율적인 부끄러움입니다. 예를 들어 먹고 사는 것이 바빠서 부모님에게 연락도 하지 않고 지내다가 무심코 지나가는 노인을 보는 순간 '아! 내가 이렇게 살면 안 되지. 엄마에게 연락해야겠다'라고 스스로 반성하며 자기 자신을 되돌아보고 부끄러워하는 경우가 있습니다. 이런 부끄러워하는 마음은 필자뿐만 아니라 독자들도 자주 경험하리라고 생각합니다.

반면 괴는 스스로 자신을 반성하여 부끄러워하기보다는 세상의 평판이나 체면에 비추어 부끄러워하는 마음의 작용입니다. 다시 말해 타인의 눈을 걱정하여 부끄러워하는 타율적인 부끄러움으로, 괴는 일종의 수치심이라고 할 것입니다. 예를 들어 만원 지하철이나 버스를 타고 가는데 어떤 노인이 내 앞에 섰다고 합시다. 물론 바로 일어나서 자리를 양보하면 그만이지만, 내 몸도 피곤해서 자리를 양보하지 않고 자는 척하고 있다고 합시다. 그런데 자는 척해도 마음이 영 편하지 않습니다. 왜 그럴까요? 이유는 간단합니다. 자는 척하고 있는 나를 보고 세상 사람들이 뭐라고 할까 하는 타인의 시선을 의식하는 부끄러움 때문입니다. 이것을 괴라고 합니다.

이처럼 우리들이 자신의 행동에 대해 부끄러움이나 수치심을 느끼는 것은 인간다움을 확인하는 중요한 요소입니다. 동물에게는 부끄러워하는 마음이 없습니다. 부끄러움과 수치심은 인간만이 가지고 있는 것입니다. 그래서 경전에서는 "참괴가 없는 자는 인간이 아니다"라고 하였던 것입니다. 저는 개인적으로 불교도가 가져야 할 가장 중요한 것은 지혜의 마음이나 자비심보다도 참과 괴라고 생각합니다. 왜냐하면 우리들의 삶을 되돌아보고 부끄러워하고 반성하여 끊임없이 자기를 성찰하는 것이 붓다(부처님)의 근본정신이며, 이 부끄러움이 구체적인 신체 행위로 나타난 것이 수행정진이기 때문입니다.

반면 율은 범어 '비나야(vinaya)'의 번역이며, 비나야毘奈耶로 음사하기도 하는데, '출가자가 지켜야 할 강제적인 규범'을 말합니다. 율은 집단으로 승원생활을 하는 교단에서는 없어서는 안 되는 법률이라고 할 수 있습니다. 물론 율의 적용을 받는 것은 출가자뿐입니다. 율의 제정은 '수범수제隨犯隨制', 즉 교단의 질서를 파괴하는 행위가 발생할 때마다 규정을 만들었습니다. 만약 가벼운 율을 어기면 혼자서 마음으로 고백하여 참회하고, 조금 더 무거운 율을 어기면 여러 사람 앞에서 고백하여 참회했습니다. 만약 수행자가 중죄를 범한 경우에는 교단에서 추방했습니다. 이것을 바라제목차波羅提木叉[16]라고 합니다. 일반적으로 불교 교단의 비구는 250계율, 비구니는 348계율을 지켜야 하는 것으로 명시되어 있는데, 출가자의 율은 바라이波羅夷(pārājika)이 4개, 승잔법僧殘法(saṃghāvaśeṣa)[17] 13개, 부정법不定法(aniyata)[18] 2개, 사타법捨墮法[19] 70개, 식사에 대한 금지 30개 등이 있습니다.

특히 네 가지의 바라이는 중요한 것으로 출가자가 이를 어기면 교단에서 추방됩니다. 네 가지의 바라이는 다음과 같습니다.

- 섹스
- 거짓말[20]
- 도둑질
- 살인

또한 가벼운 처벌로 여자와 음탕한 이야기를 한 자는 7일간 근신해야 합니다. 생활법에는 출가자는 나무에 올라가서는 안 된다는 율 등도 있습니다. 특히 불교가 중국에 전해져 많은 순례승이 인도를 찾아가게 되었는데, 삼장법사 현장(600~664)을 제외하고 대부분은 중국과 인도의 문화·기후 등의 차이에 따른 계율의 모순을 해결하고자 인도로 구법여행을 떠났습니다.[21]

정리하자면 계란 자율성을 바탕으로 한 도덕 내지 윤리이며, 율은 강제성이 동반된 법 내지 법률에 해당하는 것입니다.

불교에서는 계를 다음의 다섯 가지로 구분합니다. 이것을 오계五戒라고 합니다.

- 불살생계不殺生戒: 살아 있는 것을 죽이지 말 것.
- 불투도계不偸盜戒: 주지 않는 것을 자기 것으로 삼지 말 것.
- 불망어계不妄語戒: 거짓말을 하지 말 것.
- 불사음계不邪淫戒: 음란한 성교를 하지 말 것.
- 불음주계不飮酒戒: 술(정신을 혼미하게 하는 마약, 대마초 등)을 마시지 말 것.

 불살생, 불투도, 불망어, 불사음의 네 가지는 인간으로서 당연히 지켜야 할 것으로, 인도의 모든 종교에서 공통적으로 준수하는 규범입니다. 그러나 불음주는 불교에만 있는 계입니다. 자이나교에서는 불음주 대신에 무소유의 계를 강조합니다. 그런데 불살생, 불투도, 불망어, 불사음은 '성계性戒'라고 하고, 불음주는 '차계遮戒'라고 하여, 앞의 네 가지와는 성격을 달리합니다. 성계란 부처님께서 제정하지 않아도 위배하면 그 자체로 죄악이 되는 것입니다. 예를 들어 살생하는 것, 즉 생명을 죽이는 그 자체로 죄악입니다. 반면 차계는 불도佛道를 수행하는 자만 금지하고, 일반 사람은 범해도 죄가 되지 않는 계입니다. 예를 들어 술 마시는 그 자체는 죄악이 아닙니다. 다시 말해 술을 마시는 그 자체는 결코 나쁜 것이 아니지만, 술을 마셔 취하게 되어 거짓말을 하거나 허세를 부리거나 또는 난잡한 성관계를 가지는 것, 즉 음주의 결과로 일어난 악을 막는다(遮)는 의미에서

제1장 중음세계와 사십구재 71

차계라고 하는 것입니다. 우리 주변에도 음주를 하지 않으면 품행이 단정하지만 술을 마시면 사건이나 사고를 일으키는 사람이 있습니다. 그래서 불음주계는 술을 마시지 말라고 하는 것이지만, 완전히 술을 멀리하라는 뜻이 아닙니다.

세 번째 7일(21일), 즉 삼칠일三七日 날 망자는 세 번째 재판관인 송제왕의 법정에 서게 됩니다. 이 법정에는 뱀과 고양이가 기다리고 있습니다. 송제왕은 고양이와 뱀을 사용하여 망자가 생전에 사음의

송제대왕

죄를 범했는지를 조사합니다. 사음의 죄란 앞에서 기술한 불교의 오계 중의 하나로 남녀 간의 부도덕한 정사를 말합니다. 오계 중에서 사음의 죄만을 여기서 조사하는 것입니다. 사음의 죄를 범한 자가 남자면 고양이가 남자의 성기를 물고, 여자면 뱀이 여자의 성기를 공격한다고 합니다. 사음의 죄를 범한 자는 여기서 이미 고통을 받습니다만, 사음의 죄를 범하지 않은 자는 다음 7일째를 향해 중음세계를 계속 여행합니다.

8) 네 번째 재판관인 오관왕의 법정에는 저울이 있다

망자가 죽은 지 28일째(사칠일) 되는 날, 망자는 네 번째 재판관인 오관왕五官王의 법정에 서게 됩니다. 여기에는 저울이 놓여 있습니다. 이 저울은 죽은 자가 생전에 몸이나 입으로 행한 나쁜 일을 한순간에 알려 줍니다. 다시 말해 저울에는 망자가 생전에 행위한 모든 것이 전부 삽입되어 있습니다. 그래서 그 이후에 지옥에 갈 것인가, 아귀세계에 갈 것인가, 아니면 축생세계에 갈 것인가, 즉 어느 세계에 갈 것인지가 거의 결정됩니다. 그렇지만 망자는 오관왕에게 또다시 간청하여 7일간 선고유예를 받습니다.

오관대왕　　　　　　　　　　　　　　　　　염라대왕

9) 다섯 번째 재판관인 염라대왕은 거울로 망자의 죄를 비춘다

　망자가 죽은 후 35일째 되는 날, 즉 오칠일五七日에 드디어 염마왕의 법정에 서게 됩니다. 염마왕, 즉 염라대왕은 우리에게 친숙한 지옥의 왕입니다. 염마왕은 수염이 덥수룩한 얼굴에 커다란 눈으로 죽은 자를 째려보는 외모 때문에 무서운 이미지가 강합니다. 그래서 지옥을 다스리는 왕으로 알고 계시는 분이 많을 줄 압니다만, 사실 염마왕은 최초의 인간이었습니다. 구약성서에 나오는 최초의 인간인 아담과 이브라고 생각하면 됩니다. 염마(야마)는 최초의 인간이었기 때문에 당연히 가장 먼저 죽었습니다. 그래서 그는 사후세계에 최초로 도착하게 되었고, 사후세계의 왕이 된 것입니다.

염마왕은 본래 인도 출신입니다. 중음세계에서 망자를 재판하는 6명의 재판관은 모두 중국 출신입니다만, 염마왕만은 인도 출신입니다. 인도신화에서는 염마왕이 그의 부인인 야미(yami)22)와는 쌍둥이로서 정법의 신, 광명의 신으로 알려져 있습니다. 본래는 범어로 '야마'(yāma)라고 하는데, 중국에서 야마를 음사하여 염마라고 한 것입니다.

그는 정파리淨玻璃의 거울, 즉 수정으로 만든 거울을 가지고 있습니다. 이 거울에는 죽은 자가 생전에 범한 죄가 남김없이 비춰집니다. 이 거울을 업경대業鏡臺, 즉 업業을 나타내는 거울(鏡)의 대臺라고도 합니다. 또는 업경륜業鏡輪・업경業鏡이라고도 합니다. 그래서 지장보살을 모신 전각인 지장전地藏殿이나 명부전에는 중국 당나라 시대에 제작된 『시왕경十王經』에 근거하여 시왕을 봉안하고 업경대를 설치하는 경우가 많습니다. 그런데 중국에서 편찬된 경전 중에 중음세계와 지옥을 잘 묘사한 경전으로 『시왕경』 외에도 『우란분경盂蘭盆經』이 있습니다. 사실 『시왕경』과 『우란분경』은 인도에서 편찬된 것이 아니라 중국에서 편찬된 경전입니다. 이처럼 중국이나 한국에서 편찬된 경전을 위경(僞經)이라고 합니다. 반면 인도나 중앙아시아에서 편찬된 경전은 진경(眞經)이라고 합니다. 그렇지만 『시왕경』과 『우란분경』은 중국 불교도의 죽음관을 잘 반영한 경전이라고 할 것입니다. 이 두 경전은 우리나라에도 전해져 한국 불교도의 죽음관에 지대한 영향을 미쳤습니다.

그런데 염마왕은 무서운 재판관일 뿐 아니라, 고통에 시달리는 모든 중생을 구제하는 지장보살의 화신이라고도 합니다. 또한 밀교에서는 불교를 수호하는 신장(神將)으로 여겨 온화한 모습으로 묘사하고 있습니다. 하여튼 염마왕은 망자에게 또다시 7일간 선고를 유예합니다.

10) 여섯 번째 재판관 변성왕과 마지막 재판관 태산왕도 판결을 내리지 않는다

염마왕에게 7일간 선고유예를 받은 망자는 42일째 되는 날, 즉 육칠일(六七日)에 변성왕(變成王)의 법정에 서게 됩니다. 변성왕은 오관왕과 염마왕의 보고를 참고하여 신중하게 재판을 합니다. 역시 변성왕도 망자의 간청을 받아들여 7일간 선고를 유예합니다. 이처럼 6명의 재판관은 망자에게 곧바로 지옥에 가라는 판결을 내리지 않고 유예

변성대왕

태산대왕

합니다.

드디어 망자가 죽은 지 49일째 되는 날, 즉 칠칠일七七日에 망자는 일곱 번째 재판관인 태산왕의 법정에 서게 됩니다. 그런데 태산왕도 바로 판결을 내리지 않습니다. 도리어 죽은 자가 가야 할 길을 스스로 선택하도록 합니다. 태산왕은 여섯 개의 문을 가리키면서 망자에게 "저 문은 여섯 개의 세계로 가는 입구이다. 너는 어떤 문을 선택할 것인가? 너 자신이 가고 싶은 문을 선택하거라. 그것이 너의 내세이다"라고 말합니다.

그렇지만 망자는 문 저쪽에 어떤 세계가 있는지 전혀 알 수 없습니다. 그래서 자신이 좋다고 선택한 길이 지옥일 수도 있고, 아니면 천계일 수도 있습니다. 실로 자신의 운명에 맡길 수밖에 없습니다.

그렇지만 망자가 선택한 세계는 생전에 지은 업의 결과물입니다. 업(karma)은 전세의 행위이며, 누구나 전생에 행한 행위의 결과인 과보를 받는다는 것입니다. 즉 자업자득입니다. 그러므로 이미 자신이 선택할 문은 정해져 있다고 할 것입니다.

이상으로 중음세계의 재판 과정을 살펴보았습니다. 지금까지 언급한 7명의 재판관과 재판관의 화신이라고 알려진 불보살에 대해 정리해 보겠습니다. 먼저 초칠일(7일)의 재판관은 진광왕입니다. 진광왕은 부동명왕[23]의 화신이라고 합니다. 이칠일(14일)의 재판관은 초강왕입니다. 초강왕은 석가여래의 화신입니다. 삼칠일(21일)의 재판관은 송제왕입니다. 송제왕은 문수보살의 화신입니다. 사칠일(28일)의 재판관은 오관왕입니다. 오관왕은 보현보살의 화신입니다. 오칠일(35일)의 재판관은 염마왕입니다. 염마왕(염라대왕)은 지장보살의 화신입니다. 육칠일(42일)의 재판관은 변성왕입니다. 변성왕은 미륵보살의 화신입니다. 칠칠일(49일)의 재판관은 태산왕입니다. 태산왕은 약사여래의 화신입니다. 이처럼 중음세계의 7명의 재판관은 부처님이나 보살의 화신이기 때문에 죄인을 바로 판결하지 않고 계속해서 유보하는 것입니다.

11) 『시왕경』과 시왕사상은 중국 불교도의 생각이 반영된 것이다

중국 당나라 말기에 『시왕경』24)이 편찬되어, 종래의 49일 이후에 100일, 1년, 3년이 되는 날에 재를 지내는 시왕신앙이 유행하게 되었습니다. 이 시왕신앙은 도교사상과 결합25)하여, 중음세계의 재판관이 10명으로 늘어났습니다. 이것은 중국불교에서 중국 고유사상(유교와 도교)을 적극적으로 도입한 대표적인 사례입니다. 그래서 불교의 천도재는 3년을 지내는 유교의 의례나 도교의 의례와 공존하며 발전하였다고 볼 수 있습니다. 특히 시왕신앙은 한국에서는 민간신앙(무속신앙)에 지대한 영향을 미쳤는데, 무속신앙에서는 시왕신앙을 더욱 세분하여 15명의 재판관(왕 14명, 판관 1명)이 등장합니다.

그런데 한 가지 문제점이 있습니다. 인도와 중국에서 중음세계의 재판 기간이 차이가 납니다. 인도에서는 대체로 재판 기간이 49일, 중국에서는 3년입니다. 그러나 이처럼 인도와 중국에서 재판 기간이 차이가 난다고 하여, 자신이 행한 행위의 결과인 업에 따라 다음 생을 받는다는, 즉 윤회한다는 불교의 기본 가르침이 변하지는 않습니다. 업과 윤회라는 큰 틀에서 보면 중음의 기간 차이는 방편에 불과한 것입니다. 그렇다고 하더라도 현재 동아시아불교에서는 49일을 기준으로 삼아 천도재를 지내고 있으므로 불자들에게 혼란을 야기시킬 수도 있기 때문에 천도재의 기간을 49일로 통일하는 것이 합리적이라고 생각합니다. 특히 삼년상을 지내는 유교의 제사(祭)와 불교의 재(齋)를 구별하기 위해서도 기간을 통일하는 것이 좋을 것 같습니다.

그리고 앞에서도 언급했습니다만, 『시왕경』에는 7명의 재판관 이외에 3명이 추가되어 10명(시왕)이 등장합니다. 시왕은 명부시왕(冥府十王)이라고도 하는데, 망자를 재판한다는 열 명의 왕을 말합니다. 시왕 중 7명 왕의 명칭(秦廣王·初江王·宋帝王·五官王·閻羅大王·變成王·泰山王)은 앞에서 설명한 바와 같습니다. 여기에 평등왕(平等王)·도시왕(都市王)·오도전륜왕(五道轉輪王)을 추가하였습니다. 다시 말해 7명의 왕에게 재판을 받은 후(49일 이후) 다시 3명의 왕에게 재판을 받습니다. 즉 죽은 후 100일이 되는 날에는 평등왕, 1년이 되는 날에는 도시왕, 3년째에는 오도전륜왕의 재판을 받는다는 것입니다.

그런데 앞에서 언급하였듯이 7명의 재판관은 망자의 죄를 확인만 하고 판결은 계속 유보했습니다만, 중국에서 찬술된 『시왕경』에서는 재판 과정이 다른 양상으로 전개됩니다. 다시 말해 『시왕경』에 따르면 재판에 통과하지 못하면 바로 지옥에 떨어진다고 합니다.

첫 번째 재판관인 진광왕의 재판을 통과하지 못한 죄인은 도산지옥刀山地獄에 떨어진다고 합니다. 도산이란 '칼 도'(刀), '뫼 산'(山) 자로 칼로 뒤덮인 산을 의미합니다. 이곳의 죄인은 맨발로 칼날 위를 걸어가야 합니다. 이곳은 전생에서 지독한 구두쇠였던 자가 떨어지는 지옥입니다.

두 번째 재판관인 초강왕의 재판을 통과하지 못한 죄인은 화탕지옥火湯地獄에 떨어집니다. 화탕이란 '불 화'(火), '끓을 탕'(湯) 자이므로, 죄인을 물이 끓고 있는 커다란 솥에 던져 고통을 주는 지옥입니다. 이곳에는 전생에 도둑질을 하거나 빌려 간 물건을 갚지 않은 죄인이 떨어집니다.

세 번째 재판관인 송제왕의 재판을 통과하지 못하면 죄인은 한빙지옥寒氷地獄에 떨어집니다. 한빙이란 '찰 한'(寒), '얼음 빙'(氷) 자이므로, 한빙지옥은 죄인을 엄청나게 춥고 커다란 얼음이 있는 협곡에 집어넣어 고통을 주는 곳입니다. 이곳은 전생에 불효를 저지른 죄인이 떨어진다고 합니다.

네 번째 재판관인 오관왕의 재판을 통과하지 못하면 검수지옥劍樹地獄에 떨어집니다. 검수란 '칼 검'(劍), '나무 수'(樹) 자이므로, 잎이 칼날인 나무로 이루어진 숲을 말합니다. 이곳은 어려움에 처한 이웃을 구하지 않은 자들이 떨어지는 지옥입니다.

다섯 번째 재판관인 염라대왕의 재판에 통과하지 못한 죄인은 발설지옥拔舌地獄에 떨어집니다. 발설은 '뺄 발'(拔), '혀 설'(舌)이므로, 이곳에서는 죄인의 혀를 길게 뽑은 뒤 크게 넓혀 놓고 나서 그 혀에 나무를 심거나 쟁기를 갈기도 합니다. 이곳은 전생에 상대방을 헐뜯은 자들이 떨어지는 지옥입니다.

여섯 번째 재판관인 변성왕의 재판을 통과하지 못한 자는 독사지옥毒蛇地獄에 떨어집니다. 이곳의 죄인은 독사에게 물리는 고통을 당하는데, 타인에 대한 분노나 원한 등을 억제하지 못하여 살인 등의 강력 범죄를 범한 자들이 떨어지는 지옥입니다.

일곱 번째 재판관인 태산왕의 재판을 통과하지 못하면 거해지옥鋸骸地獄에 떨어집니다. 거해란 '톱 거'(鋸), '뼈 해'(骸) 자이므로, 이곳은 죄인을 톱으로 자르는 지옥입니다. 이곳에는 전생에서 남을 속인 자, 즉 사기꾼이 떨어집니다.

여덟 번째 재판관인 평등왕의 재판을 통과하지 못하면 철상지옥鐵牀地獄에 떨어집니다. 철상이란 '쇠 철'(鐵), '상 상'(牀) 자이므로, 이곳에서는 못이 박힌 침상에 죄인을 눕혀 죄인의 몸에 못을 관통하게 합니다. 이곳에는 전생에서 부정한 방법으로 재물을 모은 자들이 떨어집니다.

평등대왕

도시대왕

오도전륜대왕

아홉 번째 재판관인 도시왕의 재판을 통과하지 못하면 풍도지옥 風途地獄에 떨어집니다. 이곳은 거센 바람이 부는 지옥으로, 사음한 자들이 떨어집니다.

열 번째 재판관인 오도전륜왕의 재판을 통과하지 못하면 흑암지옥 黑闇地獄에 떨어집니다. 이곳은 이름 그대로 굉장히 어두운 지옥입니다. 즉 빛이 전혀 없는 암흑의 지옥입니다. 이곳은 부모나 스승의 물건을 훔친 자들이 떨어지는 지옥입니다.

여기서 필자의 의견을 간단하게 말씀드리겠습니다. 앞에서 언급했습니다만, 중음세계의 죄인이 일곱 번이든 열 번이든 재판 과정을 거쳐 바로 지옥으로 간다면, 유족의 추선공양이나 천도재는 아무런 의미가 없게 되는 모순이 생깁니다. 그러므로 49일간의 재판 과정 및 7명의 재판관으로 통일할 필요가 있다고 생각합니다. 더불어 일곱 번의 판정을 통과하지 못하면 곧바로 지옥에 떨어지는 것이 아니라 유예하는 것으로 통일하는 것이 불자들의 혼란도 피할 수 있으며, 또한 합당하다고 생각합니다. 그렇지 않다면 망자를 위해 지내는 49재의 의미가 상실됩니다.

이상으로 중음세계와 그곳에서의 재판 과정에 대한 설명을 마치고, 육도윤회를 설명하겠습니다.

제2장 육도윤회

1. 무엇이 육도세계를 윤회하는가

망자는 중음세계에서 재판을 거쳐, 죄의 경중에 따라 육도세계(ṣaḍ-gati)의 어느 한 곳에 가게 됩니다. 그렇다고 어느 한 곳에 영원히 머무는 것은 아닙니다. 다시 말해 지옥에 떨어진 자라도 영원히 그곳에 머무는 것이 아니며, 인간계 또는 천계에 태어나도 영원히 그곳에 머무는 것이 아닙니다. 끊임없이 생사를 맞이하며, 중음세계를 거쳐 다시 육도의 어느 곳에 태어납니다. 그러므로 불교에서 내세는 육도를 윤회하는 세계입니다. 육도세계六道世界란 지옥도(naraka-gati)·아귀도(preta-gati)·축생도(tiryañc-gati)·아수라도(asura-gati)·인도(manuṣaya-gati)·천도(deva-gati)[1]의 여섯을 말합니다. 그런데 이 여섯 개의 길, 즉 육도세계는 도대체 어디에 있으며, 어떤 특징이 있을까요?

그전에 육도세계와 관련하여 윤회에 대해 먼저 말씀드리겠습니다. 앞에서도 언급했습니다만, 중음세계를 거친 망자는 새로운 세계에 태어납니다. 영혼이라는 표현이 적절하지는 않지만, 하여튼 영혼 내지 자신의 업이 전생轉生합니다. 그러나 언젠가 생을 마감하고 망자가 되어 또다시 태어나는 것을 반복합니다. 마치 수레바퀴가 굴러가는 것처럼 무한히 재생합니다. 이것을 '윤회輪廻'라고 합니다. 윤회는 범어로 삼사라(saṃsāra)라고 하는데, 삼사라는 '함께'라는 의미의

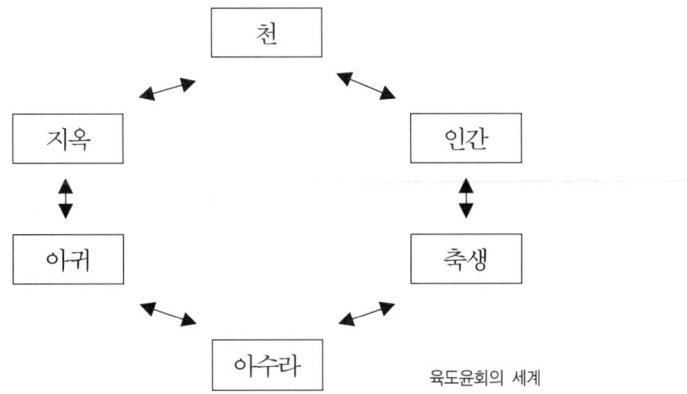

육도윤회의 세계

접두사 sam+동사원형 √sr(흐르다, 구르다)에서 온 말입니다. 그래서 전생轉生이라는 말과 합성하여, 흔히 '윤회전생輪廻轉生'이라고 합니다.

앞에서 언급했지만 인간의 전생 행위에는 반드시 과보가 따릅니다. 이것으로부터 어느 누구도 벗어날 수 없는 업을 가지고 태어나며 또한 살아갑니다. 스스로 행한 행위의 결과(과보)는 반드시 자신이 받습니다. 즉 '자업자득'의 원칙입니다. 과보는 내일 또는 1년 후, 현세가 아니면 내세, 혹은 그 후의 생에서 받습니다. 선한 업을 쌓으면 선한 결과, 악한 업을 쌓으면 악한 결과, 즉 선인낙과善人樂果 악인고과惡人苦果의 논리가 철저하게 적용됩니다. 그리고 그 결과에 의해 육도세계의 어딘가에 태어나는 것입니다. 이처럼 불교는 철저하게 업과 윤회를 바탕으로 합니다. 그렇지만 불교는 윤회를 받아들이면서도 어떠한 실체도 인정하지 않는 무아無我(anātman)를 주장합니다. 그렇게 되면 무엇이 윤회하는지, 즉 윤회의 주체 문제가 등장하게 됩니다. 영혼이나 실체를 인정하는 종교나 사상에서는 윤회의 주체를 간단하게 대답할 수 있습니다. 그렇지만 불교는 어떠한 실재도 인정하지 않습니다. 다시 말하면 불교는 공 내지 연기를 주장합니다. 그렇다면 불교에서 윤회의 주체는 무엇일까요? 부파불교시대에 인도 정통학파로부터 이런 질문을 받고서 그들 나름대로 윤회의 주체를 밝히고 있습니다.2) 대승불교, 특히 유식사상에서 윤회의 주체는 '찰나멸 상속하는 마음인 아뢰야식阿賴耶識(ālaya-vijñāna)'이라고 했습니다.

아뢰야식이란 지금 내가 행한 행위의 결과물인 종자種子를 저장하는 마음입니다. 다시 말해 아뢰야식은 저장의 기능이 강한 마음입니다. 이것은 아뢰야식의 문자적인 의미를 살펴보면 보다 확실해집니다. 아뢰야식은 '아뢰야'라는 말과 '식識'이라는 말로 이루어진 합성어입니다. 여기서 '아뢰야'란 '저장하다'라는 뜻의 범어 아라야(ālaya)를 중국 발음대로 적은 것, 즉 음사한 것입니다. 그리고 '식'이란 범어 '비즈냐냐'(vijñāna)를 번역한 것으로, '둘(주관·객관)로 나누어 알다'라는 뜻입니다. 이렇게 보면 식은 우리들이 일반적으로 생각하는 '마음'이라고 해도 크게 다르지 않을 것입니다. 유식사상을 중국에 전한 현장은 아뢰야식을 '저장할 장'(藏)과 '알 식'(識) 즉 장식藏識, 또는 '집 택'(宅)과 '알 식'(識) 즉 택식宅識으로 한역하였습니다. 그래서 영어로 'store consciousness'라고 번역합니다.

앞에서도 말했듯이 아뢰야식은 우리들 행위의 결과인 모든 종자[3]를 저장하는 마음입니다. 다시 말해 나쁜 행위이든 좋은 행위이든 모두 저장하며, 게다가 착한 일을 하든 나쁜 일을 하든, 자고 있든 깨어 있든 언제나 활동을 계속하는 심층의 마음입니다. 그렇다고 아뢰야식을 영원불변하는 자아(마음)라고 생각하시면 곤란합니다. 아뢰야식은 찰나멸하는 존재라는 사실을 반드시 기억해야 합니다. 이것을 유식사상의 대성자인 세친이 지은 『유식삼십송唯識三十頌』에서는 "아뢰야식은 폭류와 같이 변화한다"라는 말로 표현합니다. 여러분들이 강물을 보면 마치 언제나 흐르고 있는 '물'이 있다고 생각하기 쉽습니다만, 사실 강물은 한 방울 한 방울의 물로 구성되어 있습니다. 우리들의 눈이 강물을 연속체로 착각한 것뿐입니다. 다시 말해 찰나멸적으로 생멸을 반복하는 불연속의 연속으로서 물이 있을 뿐입니다. 아뢰야식도 흐르는 강물(폭류)과 같이 영원불변하는 존재가 아니고, 찰나멸을 반복하는 불연속의 연속으로서의 마음이 있을 뿐입니다. 아무튼 유식사상에서는 이러한 기능을 가진 아뢰야식을 윤회의 주체라고 합니다.

　주제를 조금 벗어났습니다만, 지금부터는 망자가 반드시 거쳐야 할 세계, 즉 육도에 대해 살펴보겠습니다. 그전에 내세가 어디에 있는지를 알아봅시다.

2. 우주의 중심, 수미산

먼저 불교의 우주론에 대해 대략적인 설명을 드리겠습니다. 불교의 우주관4)에 의하면 허공 위에 풍륜風輪(vāyu-maṇḍala)이 떠 있습니다. 풍륜의 모양은 원반형이며, 그 둘레는 '아승지 요자나'(asaṃkhya yojana)입니다. 아승지란 범어 아삼키야(asaṃkhya)의 음사로 '헤아릴 수 없다'라는 뜻입니다. 그래서 한역으로는 무수無數라고 합니다. 아승지를 굳이 숫자로 나타내면 10의 59승 또는 10의 64승이라고 합니다. 요자나(yojana)는 고대 인도의 거리를 나타내는 의미로 1요자나는 대략 7 내지 10킬로 정도입니다. 요자나를 중국에서는 음사하여 유순由旬 또는 유선나踰繕那라고 합니다. 그리고 풍륜의 두께는 16억 요자나(유순)라고 합니다. 또한 풍륜은 대단히 단단해서 금강저(인도의 최고신인 제석천이 가지고 다니는 것으로 강철로 만든 무기)로 내리쳐도 부서지지 않는다고 합니다.

그리고 풍륜 위에는 아직 응결되지 않은 수륜水輪(jala-maṇḍala)이 있습니다. 수륜의 모양은 풍륜처럼 원반형이며, 둘레는 11억 2만 유순, 두께는 8만 유순입니다. 수륜 위에는 마치 우유를 숙성시켜 오래 놓아두면 응결되듯이 상층부만 응결된 금륜金輪(kāñcana-maṇḍala)이 있습니다. 금륜의 형태는 수륜처럼 원반형이고 둘레는 수륜과 같이 11

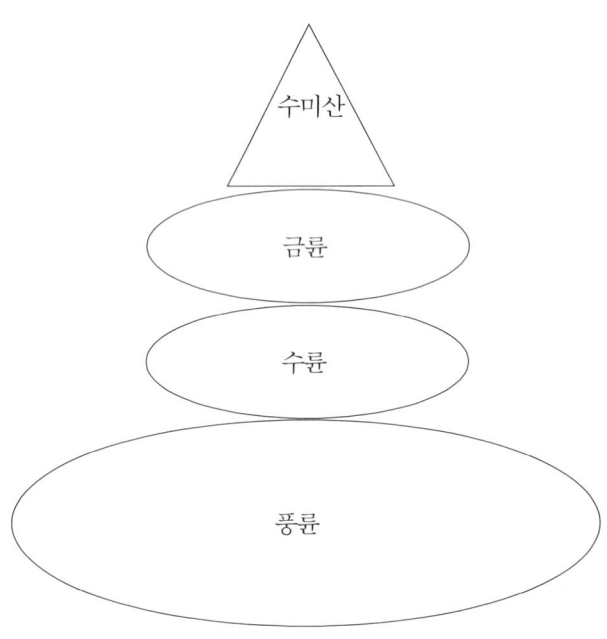

억 2만 유순이지만, 두께는 32만 유순입니다.

더불어 금륜 위에는 아홉 개의 큰 산이 있습니다. 그 중앙에는 수미산須彌山이라는 우주의 중심에 있다는 거대한 산이 우뚝 솟아 있습니다. 수미산은 범어 '메루'(meru) 또는 '수메루'(sumeru)를 음사한 것입니다. 한역에서는 '수'(su)를 '묘할 묘'(妙), '메루'(meru)를 '높을 고'(高)로 해석하여 묘고산妙高山이라고도 하고, 음사하여 소미려산蘇迷廬山

이라고도 합니다. 앞에서 언급한 것처럼 이 수미산은 물을 가득 채운 금륜金輪의 중심에 솟아 있으며, 수면 위의 높이가 8만 유순, 수면 아래의 높이가 8만 유순이라고 합니다. 1유순이 7킬로 내지 10킬로 정도이므로 대략 높이가 80만 킬로미터의 산이라고 생각하면 될 것 같습니다.

그리고 수미산의 바깥쪽, 즉 수미산과 바다를 끼고 지쌍산持雙山, 지축산持軸山, 첨목산檐木山, 선견산善見山, 마이산馬耳山, 상이산象耳山, 니민달라산尼民達羅山, 철위산鐵圍山이 수미산을 둘러싸고 솟아 있습니다. 이 부분은 약간 지루하더라도 참고 읽어 주시면 고맙겠습니다.

이 여덟 개의 산들을 자세하게 설명하자면, 먼저 지쌍산은 범어 '유가마다라'(yugama-dhāra)5)의 번역으로, 산 정상에 두 개의 능릉陵이 있기 때문에 이런 이름이 붙었습니다. 음사하여 유건달라踰健達羅, 유건타라踰健馱羅라고도 합니다.

지축산은 범어 '이샤다라'(Īśā-dhāra)의 번역입니다. 산의 봉우리가 축軸과 비슷하다고 하여 붙여진 이름입니다. 이샤(Īśā)는 '축', 다라(dhāra)는 '가지다, 소유하다'라는 의미입니다. 음사하여 이사타라산伊沙馱羅山이라고도 합니다.

첨목산은 범어 '카디라카'(khadiraka)의 번역입니다. 아수라(阿素洛)가 이 산에 있는 첨목檐木으로 수메루 산(수미산)을 싸고 있기 때문에

제2장 육도윤회 93

이런 이름이 붙었습니다. 음사하여 걸지락가산揭地洛迦山, 걸달락가산揭達洛迦山이라고 합니다.

선견산은 범어 '수다르샤나'(sudarśana)의 번역으로 '수'(su)는 잘(善), '다르샤나'(darśana)는 견見의 의미입니다. 산의 모습을 보면 선善이 많이 생기기 때문에 이런 이름이 붙었습니다. 음사하여 소달려사야산蘇達黎舍耶山이라도 합니다.

그리고 마이산은 범어 '아슈바카라나'(aśva-karna)의 번역입니다. 아슈바(aśva)는 말(馬), 카라나(karna)는 귀(耳)라는 뜻입니다. 산의 모양이 말의 귀와 비슷하기 때문에 이런 이름이 붙었습니다. 음사하여 알습박갈나산頞濕縛羯拏山이라고도 합니다.

상이산은 범어 '비나타카'(vinataka)의 번역입니다. 산의 모습이 코끼리의 귀와 비슷하기 때문에 이런 이름이 붙었습니다. 장애산障礙山이라고 번역하기도 하는데, 이 산에 사는 신이 선법을 방해하기 때문에 붙여진 이름입니다. 음사하여 비나달가산毘那怛迦山, 비나탁가산毘那矺迦山이라고도 합니다.

니민달라산은 범어 '니밈다라'(nimimdhāra)의 음사입니다. 산봉우리가 물고기를 닮아 있다고 하여 어명산魚名山이라고도 합니다. 또는 다라(dhāra)의 의미를 살려 지산持山이라고도 합니다.6)

마지막으로 철위산은 범어 '차크라바다'(cakra-vāḍa)의 번역입니다.

철륜위산鐵輪圍山이라고도 합니다. 이 산은 철로 되어 있으며, 바퀴처럼 여덟 개(수미산과 지쌍산 등)의 산을 둘러싸고 있기 때문에 이런 이름이 붙었습니다. 이 산들을 내산內山이라고 합니다. 수미산에서 철위산 사이는 여덟 개의 바다로 이루어져 있는데, 여덟 개의 바다는 공덕수功德水로 채워져 있습니다. 공덕수란 첫 번째 바닷물은 맛이 달고, 두 번째는 깨끗하며, 세 번째는 부드러우며, 네 번째는 가벼우며, 다섯 번째는 맑고 깨끗하며, 여섯 번째는 냄새가 나지 않으며, 일곱 번째는 마실 때 목구멍이 손상되지 않으며, 여덟 번째는 마시고 나서 배가 아프지 않은 성질을 가진 물을 말합니다. 그리고 수미산을 중심으로 태양, 달, 별이 수평으로 돌고 있다고 합니다. 철위산 바깥을 외산이라고 합니다. 즉 수미산 바깥의 동서남북에는 각각 하나의 대륙이 있는데, 그 중 남쪽에는 우리들이 살고 있는 대륙인 '섬부주'가 있습니다. 섬부주를 염부제라고도 합니다. 또한 동쪽에는 '승신주', 서쪽에는 '우화주', 북쪽에는 '구로주'가 있습니다. 수미산의 중턱부터 천상계(下天)가 시작됩니다. 이것이 불교(인도)의 우주관 내지 세계관입니다. 네 개의 대륙(섬)에 대해서는 나중에 자세하게 설명하겠습니다.

| 철위산 | 섬부주 | ⫶ | 니민달라산 | ⫶ | 상이산 | ⫶ | 마이산 | ⫶ | 선견산 | ⫶ | 첨목산 | ⫶ | 지축산 | ⫶ | 지쌍산 | ⫶ | 수미산 |

└─────────────────── 내산 ───────────────────┘

• ⫶는 바다. 각 산 사이에는 여덟 개의 바다가 있으며, 공덕수로 채워져 있다.

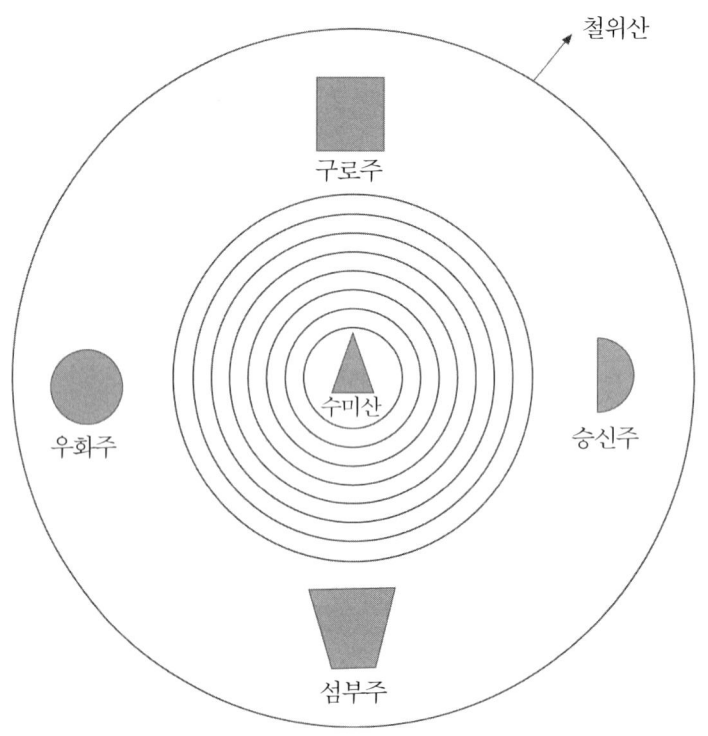

3. 지옥

1) 지옥이란

이제부터 육도세계를 기술하고자 합니다. 먼저 육도 중에서 가장 괴로운 세계인 지옥에 대해 설명하겠습니다. 지옥地獄이란 범어 나라카(naraka)의 번역이며, 음사하여 나락가捺落迦, 나락奈落이라고 합니다. 원래 중국에는 황천黃泉이라는 말은 있었습니다만, 지옥이라는 말은 없었습니다. 불교가 중국 땅에 전래됨으로써 지옥이라는 말이 생겼습니다. 그런데 지옥은 어디에 있을까요? 우리들이 사는 곳, 즉 섬부주 밑에 있습니다. 지옥은 크게 무척 무덥고 뜨거운 팔열지옥과 엄청나게 추운 팔한지옥으로 나눕니다.[7] 팔열지옥은 등활지옥·흑승지옥·중합지옥·규환지옥(호규지옥)·대규환지옥(대규지옥)·초열지옥(염열지옥)·대초열지옥(극열지옥)·아비지옥(무간지옥)의 여덟 곳입니다. 이 중에 아비지옥은 대지옥이라고 하고, 나머지 일곱 지옥은 그냥 지옥이라고 합니다. 이것들을 총칭해서 8대열지옥 또는 팔열지옥이라고 합니다. 그리고 팔열지옥에는 각각 16개의 부지옥이 있습니다. 팔한지옥은 나중에 자세하게 설명하겠습니다. 먼저 팔열지옥부터 설명을 시작하겠습니다.

그런데 팔열지옥에는 몇 가지 공통점이 있습니다.

첫째, 팔열지옥은 이름 그대로 대단히 습하고 무덥습니다. 아마도 인도인은 자신들이 살고 있는 인도 대륙이 대단히 습하고 기온이 높기 때문에, 지옥은 무더우며 극락은 서늘한 곳으로 묘사하는 경향이 있는 것 같습니다.

둘째, 이들 지옥은 업의 불꽃(業火)이 끊임없이 타오르고 있는 뜨거운 곳이라는 공통점이 있습니다.

셋째, 지옥의 파수꾼인 옥졸獄卒(naraka-pāla)이 있습니다. 옥졸의 임무는 지옥을 지키고, 지옥의 죄인을 괴롭히는 것입니다. 지옥의 옥졸은 양, 사슴, 호랑이, 사자의 머리를 했을 뿐만 아니라 여러 종류의 새의 머리를 하고 있는데, 대표적인 옥졸은 소의 머리와 인간의 몸을 가진 '우두牛頭'와 말의 머리와 인간의 몸을 가진 '마두馬頭'입니다. 지옥의 옥졸인 우두와 마두는 '쇠몽둥이(鐵棒)와 갈고리'를 가지고 지옥의 죄인을 찌르거나 때리기도 하면서 고문을 가합니다. 그들은 지옥의 죄인을 거의 영원에 가깝다고 할 정도로 아주 긴 시간 동안 고통을 줍니다. 설령 옥졸에게 시달림을 당하다가 죽는다고 해도, 고통이 끝나는 것은 아닙니다. 고통을 당하다가 죽어도 곧바로 숨이 되돌아와 형벌을 계속해서 받습니다. 게다가 그 고통의 시간도 지옥마다 다릅니다. 흑승지옥의 괴로움은 등활지옥의 10배, 중합지옥은 흑승지옥의 10배, 즉 10배씩 증가해서 최후의 아비지옥은 대초열지옥의 천 배 넘는 고통을 받는다는 것입니다.

넷째, 시간이 사바세계와 달리 아주 깁니다. 등활지옥의 하루는 우리들이 살고 있는 지상의 900백만 년에 해당합니다. 흑승지옥의 하룻밤은 3천6백만 년, 중합지옥의 하루는 1억 4천4백만 년, 규환지옥의 하루는 5억 7천6백만 년으로, 하루의 길이는 4배씩 증가합니다. 도저히 우리들의 사고로는 생각할 수 없는 아주 긴 시간입니다.

조금 더 보충설명을 하자면, 죄가 가장 가벼운 죄인이 떨어지는 곳인 등활지옥의 형벌 기간은 5백 년입니다. 이곳의 하루가 사바세계에서는 9백만 년이기 때문에, 5백 년의 형벌 기간을 사바세계의 시간으로 계산하면 (9백만 년×360일[8])×5백 년=1조 6천2백억 년이 됩니다. 사바세계에 살고 있는 우리들은 결코 상상이 안 되는 시간입니다. 독자들께서는 간단하게 아주 긴 시간 동안 고통을 받는다고 생각하시면 될 것 같습니다.

그런데 지금부터 설명할 지옥은 오늘날의 관점에서 보면 이해가 안 되는 부분이나 오해할 내용들이 많이 등장합니다. 특히 성소수자나 장애인에 대한 편견을 조장하는 듯한 묘사가 있습니다. 오해가 없길 바랍니다.

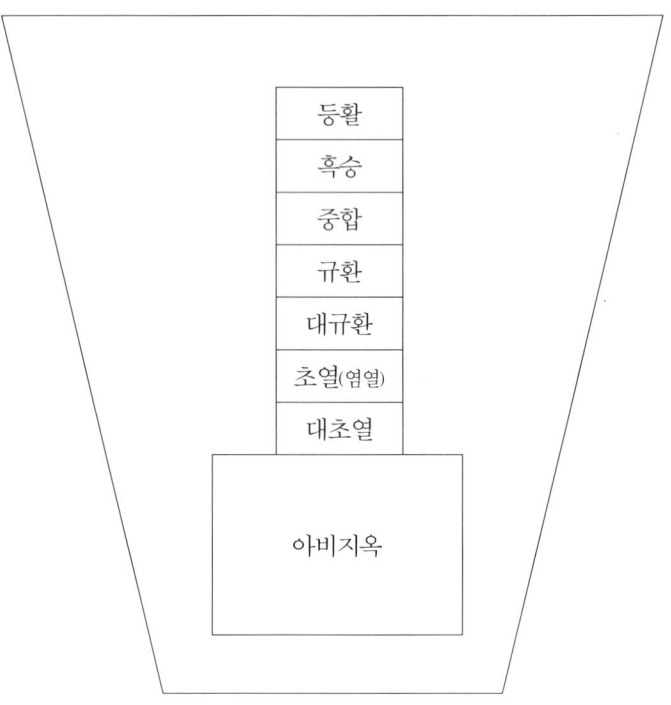

2) 무덥고 습한 여덟 가지 지옥인 팔열지옥

(1) 살생을 범한 자가 떨어지는 등활지옥

먼저 팔열지옥 중에 첫 번째인 등활지옥의 위치부터 말씀드리겠습니다. 등활지옥^{等活地獄}(saṃjīva-naraka)은 섬부주(염부제)보다 천 유순 밑에 위치하고 있습니다. 넓이는 1만 유순입니다. 등활이란 범어 삼지바(saṃjīva)의 번역으로 삼(saṃ)은 '함께', 지바(jīva)는 '생활'(살다)이라는 의미이므로 '함께 생활하다'라는 뜻입니다. 또는 온갖 괴로움에 몸을 핍박당해 자주 번민하여 죽을 듯하다가도 본래와 똑같이(等) 소생(活)하여 다시 괴로움에 핍박당하기 때문에 등활이라고 합니다.

이곳은 어떤 죄를 범한 자가 가는 곳일까요? 이곳은 살인죄를 범한 자들이나 인간 이외의 생물을 살해한 자들이 가는 지옥입니다. 구체적으로 말하면 등활지옥에는 착한 사람, 계율을 지키는 자, 선행을 행한 자를 죽이거나, 살생을 하고도 뉘우치지 않고 도리어 자랑하면서 남에게도 살생을 가르치거나 권한 자가 떨어지는 곳입니다. 이곳은 지옥 중에서 죄가 가장 가벼운 죄인이 보내지는 곳입니다. 그렇지만 불교는 생명을 중요하게 생각합니다. 그래서 불교의 재가신자가 지켜야 할 오계 중에서 첫 번째가 불살생계입니다. 출가자도 살생죄는 교단에서 추방될 정도로 무거운 죄입니다.

등활지옥은 무덥고 불쾌지수가 높기 때문에 모든 죄인들이 초조해하고 있습니다. 그리고 이곳의 죄인은 살인 등의 죄를 범한 자들이기 때문에 언제나 서로 상대를 헤치려는 기분에 살고 있으므로, 상대를 만나면 사냥꾼이 사슴을 발견한 것처럼 철의 손톱을 세워 서로 상처를 입힙니다. 게다가 피나 살이 없어질 만큼 서로 싸우며, 결국에는 뼈만 남게 된다고 합니다.

이곳의 죄인들은 옥졸에게 어떤 고통을 받을까요? 우두와 마두의 옥졸들은 철로 된 갈고리나 철봉을 휘둘러 죄인의 머리에서 발끝까지를 산산이 부수어 마치 흙덩이처럼 만들어 버립니다. 또는 요리사가 마치 생선을 자르듯이 예리한 칼로 죄인의 몸을 자른다고 합니다. 그런 가운데 서늘한 바람이 불어옵니다. 그 바람으로 죄인은 되살아납니다. 그래서 조금 편안하게 되었다고 죄인은 안심을 합니다. 그런데 그 순간 바람이 멈추면 죄인은 이전과 똑같은 괴로움을 받게 됩니다. 이처럼 몇 번이고 끊임없이 반복해서 고통을 받기 때문에 등활지옥이라고 합니다.

다음은 등활지옥에 부수하는 부지옥에 대해 말씀드리겠습니다. 부지옥에 관한 것은 『왕생요집往生要集』9)과 『정법염처경正法念處經』10)을 중심으로 기술하고자 합니다.

등활지옥에는 네 개의 문이 있습니다. 문마다 각각 네 개의 부지옥이 있으므로 모두 16개의 부지옥(부수하는 지옥)이 있습니다. 『구사론』에서는 부지옥을 증增11)이라고 합니다. 본래 지옥에서 충분히 고통을 당했지만 별도의 괴로움을 더 받기 때문에, 또는 괴로움을 주는 도구가 다양하기 때문에, 또는 본래 지옥에서 이미 죄에 상응하는 괴로움을 받았으면서 거듭해서 고통을 당하기 때문에, 부지옥을 증增이라고 합니다. 대표적인 일곱 개의 부지옥을 소개하겠습니다.

• **첫째, 시분증**屍糞增 **또는 시니증**屍泥增 입니다. 시屍란 시체, 분糞이란 똥을 의미합니다. 이곳은 송장의 뜨거운 똥오줌이 가득한 지옥입니다. 죄인이 여기에 떨어지면 뜨거운 똥오줌을 먹게 합니다. 게다가 입은 침과 같이 날카롭고, 몸은 희고 머리는 검으며, 금강석같이 단단한 이빨을 가진 벌레가 죄인의 살갗을 뚫고 뼛속으로 파고들어 내장뿐만 아니라 골수까지 먹는다고 합니다. 전생에서 어떤 죄를 지었기에 이곳에 떨어질까요? 이곳은 짐승(사슴 등)을 살해하고도 참회하지 않거나 독수리나 매를 시켜 새를 살해한 자들이 가는 곳입니다. 설령 전생의 선업으로 새나 사슴으로 태어나더라도 다른 새나 짐승에게 잡아먹히며, 인간으로 태어나더라도 수명이 짧다고 합니다.

• **둘째, 도륜증**刀輪增 입니다. 이곳은 둘레의 높이가 10유순의 철로 된 벽이 둘러쳐져 있습니다. 그 속에는 사바세계의 불과는 차원이 다른, 살짝만 스쳐도 겨자씨의 가루처럼 되는 뜨거운 불이 맹렬하게 타오르고 있습니다. 사바세계의 불(뜨거움)은 이곳과 비교하면 눈과 같습니다. 게다가 뜨겁고 질벅질벅한 쇳물이 장마철의 소나기처럼 내립니다. 또한 칼로 된 잎을 가진 숲이 있는데, 여기는 양쪽으로 예리한 칼이 비처럼 떨어져 죄인의 몸을 쪼갭니다. 이곳은 어떤 죄

인이 가는 곳일까요? 이곳에 오는 죄인은 남의 물건을 탐하여 산 생명을 칼로 죽인 자들입니다.

- *셋째, 옹숙증*瓮熟增 입니다. 옹은 독이나 항아리를 말하며, 숙은 삶는다는 뜻입니다. 그러므로 옹숙지옥이란 뜨거운 항아리의 지옥입니다. 이곳은 옥졸이 철로 만든 항아리에 죄인을 넣어 콩처럼 삶는 고통을 줍니다. 이곳은 어떤 죄를 지은 자가 떨어질까요? 이 지옥에 떨어지는 자는 생전에 산 생명(돼지, 염소, 토끼, 곰 등)을 산 채로 굽거나 삶아 먹은 자들입니다.

- *넷째, 다고증*多苦增 입니다. '많을 다'(多), '괴로울 고'(苦)이기 때문에 다고증이란 괴로움이 많은 지옥입니다. 이 지옥은 11억 종류의 헤아릴 수 없을 정도로 많은 고통을 주는 곳입니다. 구체적으로 어떤 고통을 받을까요? 노끈으로 나무에 매달거나 불로 머리를 태우거나 바늘로 찌르거나 코끼리가 짓밟기도 하는 등의 고통을 줍니다. 전생에서 어떤 업으로 이곳에 떨어질까요? 이곳은 사람을 때린 자, 사람을 바위에서 밀어 떨어뜨린 자, 연기를 마시게 하여 사람을 괴롭힌 자, 어린아이를 겁준 자, 고문으로 사람에게 고통을 준 자 등, 다시 말해 자기 마음대로 행동하여 타인을 괴롭힌 자들이 오는 지옥입니다.

- *다섯째, 암명증*闇冥增 입니다. '어두울 암'(闇), '어두울 명'(冥) 자이

므로, 이곳은 이름 그대로 어두운 불로 태우는 지옥입니다. 이곳은 죄인을 불로 태워 고통을 줍니다. 어떤 죄를 범한 자들이 떨어질까요? 이곳은 양의 입이나 코를 틀어막아 죽였거나 기와로 거북을 눌러 밟아 죽인 자가 가는 지옥입니다.

• *여섯째, 불희증不喜增* 입니다. 불희란 죄인을 괴롭히는 무서운 소리만 듣기 때문에 기쁨이 없다는 뜻입니다. 이곳은 밤낮으로 염열炎熱이 불타고 있는 지옥입니다. 이곳에서는 철로 된 뜨거운 부리를 가진 새, 개, 늑대, 여우가 무서운 소리를 내면서 겁주며 다가와 죄인을 먹어 치웁니다. 그러면 죄인의 살과 뼈가 그 주변에 어지럽게 흩어집니다. 또한 금강석 같은 부리를 가진 벌레가 뼛속으로 들어가 골수를 빨아 먹습니다. 이곳은 짐승을 사냥하기 위해 북을 치거나 고성을 내어 새나 짐승을 살해한 자들이 떨어지는 지옥입니다. 과거의 선업 덕분에 인간으로 태어나더라도 항상 근심하거나 걱정하며 살아야 하고, 슬퍼하고 괴로워하는 소리만 듣기 때문에 기뻐할 틈이 없습니다.

• *일곱째, 지극한 괴로움의 고통을 받는 극고증極苦增* 입니다. 이곳은 험준한 바위로 된 계곡에 죄인을 집어넣어 철화鐵火로 태우는 고통을 주는 지옥입니다. 어떤 죄인이 이곳에 떨어질까요? 이곳은 자신의 취미나 즐거움을 위해 짐승을 살해한 자들이 떨어지는 지옥입

니다.12)

　등활지옥의 일곱 종류 부지옥을 간단하게 살펴보았습니다만, 등활지옥의 부지옥에 떨어지는 죄인은 주로 살생을 범한 자들입니다. 이곳에 떨어지는 자들의 면모를 보면 어느 누구도 지옥을 피할 수 없다는 느낌을 받았을 것입니다.

　앞에서 간단하게 언급했습니다만, 여덟 개의 지옥에는 각각 부지옥이 있습니다. 각 지옥은 동서남북에 네 개의 문을 갖추고 있고, 그 문마다 네 개의 부지옥을 가지고 있습니다. 그래서 하나의 지옥에는 16개의 부지옥이 있으므로, 지옥은 전체 128개의 부지옥을 가지고 있습니다. 따라서 여덟 개의 지옥(팔열지옥)과 128개의 부지옥을 합치면, 지옥은 모두 136개입니다. 그런데 왜 이렇게 지옥이 많을까요? 죄가 극악무도하더라도 단순하면 여덟 개의 지옥으로 충분히 수용 가능합니다만, 우리가 살고 있는 사바세계가 복잡해짐에 따라 범죄도 복잡·다양해지기 때문에 지옥도 많아진 것으로 이해하면 될 것입니다. 그래서 살인, 강도, 사음, 거짓말, 도둑질 등의 확실한 죄 이외에 경제 관련 사범, 지능범, 사기범, 성 관련 범죄, 사이버 범죄 등 모든 범죄에 대응하기 위해서는 많은 부지옥을 준비할 필요가 있었다고 생각합니다.

(2) 톱으로 죄인의 몸을 자르는 고통을 주는 흑승지옥

흑승黑繩지옥이란 검은 쇠사슬로 죄인의 몸과 팔다리를 묶어 놓고 칼과 톱으로 베고 자르는 고통을 주는 지옥입니다. 그렇다면 흑승지옥은 어디에 있을까요? 흑승지옥(kālasūtra-naraka)은 등활지옥 밑에 위치하고 있습니다. 흑승지옥의 괴로움(고통)은 등활지옥의 10배입니다. 이곳에는 어떤 죄인이 오는 걸까요? 이곳은 전생에 살생과 도둑질을 한 자들이 가는 지옥입니다. 등활지옥은 살생을 한 자가 떨어지는 곳입니다만, 흑승지옥은 거기에 도둑질이 추가됩니다. 그러므로 강도, 살인을 범하는 자들은 무조건 이곳에 떨어진다고 생각하면 됩니다.

그런데 무엇 때문에 흑승지옥이라고 했을까요? 흑승이란 옛날 목수가 사용하던 먹통에 붙어 있는 먹줄(먹승)을 말합니다. 먹통에는 검은 인주(黑肉)가 들어 있고, 작은 도르래에 말아 놓은 노끈(먹줄)이 있습니다. 이 먹줄에 검은 인주를 통하게 하여 자르고 싶은 나무 위에 튕겨서 선을 긋습니다. 그리고 목수는 그 선을 따라 나무를 자릅니다.

이 흑승을 옥졸은 어떻게 사용할까요? 흑승지옥에서는 옥졸이 먹줄을 사용하여 죄인의 몸에 십자로 선을 긋습니다. 그리고 그은 선대로 톱이나 도끼를 사용하여 죄인의 몸을 자릅니다. 그러면 죄인

의 몸은 조각나 여기저기로 흩어지게 됩니다. 비록 죄인의 몸은 조각조각 났어도 숨은 붙어 있습니다. 그래도 옥졸은 계속해서 죄인의 몸을 자릅니다. 이처럼 옥졸이 끊임없이 죄인에게 고통을 가하는 곳이 흑승지옥입니다.

이런 고통만 있는 것은 아닙니다. 산과 산 사이에 철로 만든 줄 위로 무거운 짐을 지워 죄인을 걷게 합니다. 당연히 죄인은 발을 헛디뎌 밑으로 떨어집니다. 그 밑에는 뜨거운 물이 끓고 있는 가마솥이 기다리고 있습니다. 게다가 철로 만든 줄로 그물을 만들어 불에 벌겋게 달굽니다. 그리고 옥졸이 죄인을 그물 위로 내던집니다. 죄인은 고통스러워 발버둥을 치게 됩니다. 그러면 옥졸은 그물로 죄인을 감아 더욱더 고통을 가합니다. 이제 죄인이 발버둥 칠 힘도 없고 정신을 놓게 될 지경에 이르면, 강한 바람이 불어와 그물을 들어 올려 죄인의 몸을 얽어맵니다. 이처럼 계속해서 죄인에게 고통을 가합니다.

흑승지옥의 부지옥도 16개가 있습니다만, 그 중에 몇 곳을 살펴보겠습니다.

• *등환수고증*等喚受苦增 은 생전에 잘못된 설법을 한 자, 벼랑에서 투신자살한 자가 떨어지는 곳입니다. 이곳에서는 죄인을 벌겋게 달군 먹줄로 꽁꽁 묶어 날카롭게 깎은 칼이 무수하게 꽂혀 있는 철산

에 밀어 떨어뜨린 뒤, 옥졸이 조각나 흩어진 죄인의 살점을 뿌립니다. 그러면 철로 된 어금니를 가진 개가 다가와 살점을 먹는다고 합니다. 과거 전생의 조그만 선업 덕분에 인간으로 태어나더라도 위험한 곳에서 살며, 남의 종이나 문지기가 되어 시달림과 핍박을 당한다고 합니다.

• *전다증旃茶增*은 아픈 사람을 치료해야 할 약품을 병자가 아닌 사람이 사용한, 즉 마약이나 아편 등에 중독된 자가 떨어지는 곳입니다. 이곳에서는 까마귀, 백로, 멧돼지 등이 죄인의 눈과 혀를 찌르고 빼내며, 옥졸이 절구와 큰 도끼로 죄인을 찍고 잘라 고통을 줍니다. 과거의 조그만 선업 덕분에 인간으로 태어나더라도 꼽추나 장님으로 태어나 목숨이 짧다고 합니다.

• *외열증畏熱增*은 자신의 탐욕을 위해 사람을 죽이거나 다른 사람의 음식물을 빼앗아 굶주려 죽게 한 자가 떨어지는 곳입니다. 죄인은 막대기, 화염의 철 칼, 활과 화살 등을 가진 옥졸에게 쫓겨 철의 가시가 박힌 지면 위를 쉴 새 없이 도망 다닙니다. 죄인이 넘어지면 옥졸이 철봉으로 수없이 구타합니다.

(3) 사음죄를 범한 죄인이 떨어지는 중합지옥

중합지옥衆合地獄(saṃghāta-naraka)이란 '괴로움을 주기 위한 여러 가지 도구들이 한꺼번에 들이닥쳐 죄인의 몸을 핍박하고 무리지어 서로를 해치기 때문에' 이렇게 부릅니다. 중합지옥은 흑승지옥 밑에 있으며 크기는 흑승지옥과 같습니다. 이곳에는 어떤 죄를 지은 자가 갈까요? 이곳은 살인, 강도, 도둑질과 더불어 사음의 죄를 범한 자들이 가는 지옥입니다. 다시 말하면 오계 중에서 사음죄를 범한 자들이 떨어지는 지옥입니다.

그렇다면 중합지옥에 떨어지는 자는 어떤 형벌을 받을까요? 이곳에는 철로 된 수많은 산이 서로 마주 보고 솟아 있습니다. 이곳에 죄인이 오면 옥졸은 죄인을 산 사이로 밀어 넣습니다. 그러면 철산이 양쪽에서 문짝처럼 다가와 죄인을 조입니다. 그러면 죄인의 몸은 조각조각 나고 피가 흘러넘칩니다.

또 다른 형벌로는 하늘에서 철산이 떨어져 죄인의 몸을 가루로 만들기도 하고, 죄인을 돌 위에 놓고 위에서 바위를 떨어뜨려 죄인의 몸을 가루로 만들기도 합니다. 또는 지옥의 옥졸인 우두나 마두가 죄인을 철로 만든 절구에 넣어 철로 된 봉으로 떡을 만드는 것처럼 찧기도 하고, 옥졸이 죄인의 내장을 꺼내어 높은 나무 위에 놓고 말려서 철로 만든 꼬챙이로 꽂아 두면 뜨거운 철로 된 입을 가진 독수리가 날아와서 쪼아 먹기도 합니다.

그리고 이곳에는 구리물이 흐르는 강이 하나 있습니다. 거기에는 뜨겁게 달구어진 철로 된 갈고리가 있는데, 옥졸이 그 갈고리로 죄인을 밀어 떨어뜨립니다. 그러면 달구어져 질벅질벅하게 녹은 붉은 구리가 흘러 들어와 죄인의 몸을 덮습니다.

　이런 형벌만 있는 것이 아닙니다. 중합지옥은 다른 지옥과는 달리 특별한 형벌로 죄인을 고통스럽게 합니다. 이곳에는 잎이 예리한 면도칼처럼 되어 있는 기묘한 나무가 있습니다. 옥졸은 죄인을 잎이 예리한 면도칼처럼 된 나무숲으로 밀어 넣습니다. 그곳에서 죄인이 나무 위를 보면 나무 꼭대기에 아름다운 옷을 입은 미모가 뛰어난 여인이 죄인을 유혹합니다. 그녀는 죄인이 좋아하는 용모를 하고서 아름다움을 머금은 시선으로 죄인을 바라보며 "여기로 빨리 오세요"라고 말합니다. 그러면 죄인은 황급하게 나무에 오르기 시작합니다만, 면도칼처럼 생긴 나뭇잎이 죄인의 살을 찢고 내장을 찔러 엄청난 피를 쏟게 합니다. 죄인이 고통을 이겨내고 천신만고 끝에 나무 꼭대기에 다다르지만 여인의 모습은 보이지 않습니다. 다시 죄인이 나무 밑을 보면 이번에는 여인이 나무 밑에서 죄인을 올려다보며 "나는 당신을 사모하여 나무 밑으로 내려왔는데, 당신은 지금 무엇을 하고 있으세요. 내 곁으로 오지 않습니까. 내려와서 나를 안아 주세요"라고 유혹합니다.

　죄인은 욕정이 불타올라 다시 나무 꼭대기에서 내려옵니다. 그러면 이번에는 칼로 된 나뭇잎이 위로 향하게 됩니다. 그래서 날카로운 나뭇잎이 죄인의 몸을 갈기갈기 찢습니다. 그리하여 나무 밑으로 내려오면 여인은 다시 나무 꼭대기에서 죄인을 유혹합니다. 이런 행위를 죄인의 의지로는 멈출 수 없습니다. 보이지 않는 무언가에 홀린 죄인은 오로지 욕망만을 불러일으킵니다. 죄인은 나무를 끊임없이 오르락내리락하면서 엄청난 고통을 받습니다. 그러므로 살생, 도둑질뿐만 아니라 사음죄도 범해서는 안 되겠습니다.

이곳에도 16개의 부지옥이 있습니다. 그 중에 중요한 몇 개의 부지옥을 소개하겠습니다. 이곳의 부지옥도 특징이 있습니다. 그것은 성性과 관련된 죄를 범한 자들을 대상으로 한다는 것입니다.

• *악견증惡見增* 이라는 부지옥은 어떤 죄를 지은 자들이 떨어질까요? 이곳은 생전에 강제로 타인의 아이와 성행위를 한 자, 쉽게 말하면 미성년자와 원조교제를 하거나 성행위를 범한 자가 떨어지는 지옥입니다. 이곳에서는 옥졸이 죄인이 보는 앞에서 철로 된 갈고리로 죄인의 자식의 음부를 찔러 보여 주거나, 자신의 아이가 다른 사람에게 강제로 성관계 당하는 것을 보게 하는 고통을 줍니다. 그래서 악한 것(惡)을 본다(見)는 의미로 악견지옥이라고 하는 것입니다. 그리고 옥졸은 죄인을 거꾸로 매달아 뜨겁게 달군 구리의 액을 항문으로 부어 넣어 목구멍, 입술, 대장, 소장 등을 태웁니다.

• *다고뇌증多苦惱增* 이란 고뇌苦惱가 많은(多) 지옥(增)이라는 뜻입니다. 이곳은 남자끼리 문란한 성행위를 한 자가 떨어지는 지옥입니다. 요즘 말로 하자면 동성애자가 떨어지는 지옥입니다. 이곳에서는 죄인이 생전에 사랑했던 남자를 안으면 그 남자의 몸에서 뜨거운 불길이 나와 죄인을 태워 버립니다. 그렇지만 죄인은 또다시 되살아나 반복해서 고통을 당합니다. 게다가 불길을 피하다가 벼랑에 떨어지게 되는데, 벼랑에 떨어지기도 전에 까마귀가 죄인의 몸을 쪼아 겨자씨처럼 만들지만, 다시 몸이 합쳐져 땅에 떨어지면 이번에는 여우가 나타나 살점을 뜯어 먹고 뼈만 남습니다. 다시 죄인의 살점이 되살아나면 이번에는 옥졸이 가마솥에 넣어 삶습니다. 이처럼 이곳에 떨어지면 괴로움이 많기 때문에 다고뇌지옥이라고 합니다.

• *인고증忍苦增* 이란 고통(苦)을 참는(忍) 지옥(增)입니다. 이곳은 다른 아내와 관계를 맺은 죄인이 떨어지는 지옥입니다. 즉 불륜을 저지른 자가 떨어지는 지옥입니다. 이곳에서는 옥졸이 죄인을 나무에 거꾸로 매달아 태우며, 또 강제로 죄인의 입을 벌려 불을 집어넣어 내장을 전부 태운다고 합니다.

나머지 중합지옥의 부지옥은 미주를 참조하시기 바랍니다.[13]

이처럼 중합지옥은 죄인 자신뿐만 아니라 자식까지 함께 괴롭히는 비참한 지옥입니다. 앞에서 언급했습니다만, 이곳에서 죄인은 옥졸이 어린아이를 데리고 오는 것을 봅니다. 그런데 자세히 보니 그 아이는 바로 자기 자식입니다. 더군다나 자식은 음부가 철로 된 송곳이나 철로 된 갈고리에 찔려 있습니다. 자식의 고통스러워하는 모습을 보는 죄인의 심정은 어떨까요? 게다가 옥졸은 죄인을 거꾸로 매달아서 질벅질벅하게 녹은 구리를 항문에 부어 넣습니다. 그러면 구리액은 죄인의 대장, 소장, 위 등의 소화기관을 거꾸로 통과하여 식도를 거쳐 마지막에는 입으로 나오며 죄인에게 고통을 줍니다. 이처럼 중합지옥의 부지옥은 주로 남색이나 여색을 밝히는 자들이 떨어지는 지옥입니다.

(4) 알코올 중독자가 떨어지는 규환지옥

규환지옥叫喚地獄이란 '부르짖을 규'(叫)와 '부를 환'(喚), 즉 '많은 괴로움에 핍박되어 다른 존재를 슬프게 부르며 원한에 사무친 절규의 소리를 지르기 때문에 규환지옥'이라고 합니다. 또는 호규지옥號叫地獄(raurava-naraka)14)이라고도 합니다. 독자들께서도 잘 알고 있는 '아비규환'이라는 말은 아비지옥과 규환지옥을 결합시킨 것입니다.

규환지옥은 중합지옥 밑에 있으며, 고통은 중합지옥의 10배입니다. 크기는 중합지옥과 같습니다. 이곳을 지키는 옥졸은 머리가 황금색이며, 눈에서 불이 나오고, 붉은색의 옷을 입고 있습니다. 손발은 장대하며 바람과 같이 빨리 달립니다.

　이곳에는 어떤 죄인이 떨어질까요? 규환지옥은 살인, 강도, 사음과 더불어 음주의 죄를 지은 죄인이 가는 곳입니다. 불교의 오계 중에 불음주계가 있습니다. 불음주계는 인도의 정통사상인 힌두교나 비정통사상인 자이나교에는 없는 불교만의 독특한 계입니다. 불음주계는 쉽게 말하면 술을 마시지 말라는 계인데, 불교도가 쉽게 지킬 수 있는 가르침이 아닙니다. 그런데 무엇 때문에 술을 마시지 말라고 했을까요? 술을 마시는 행위 자체보다는 술을 마시면 다른 네 가지 계를 범하기 쉽기 때문입니다. 다시 말해 술에 취하면 타인에게 상처를 입히기 쉽고, 거짓말, 사음 등을 쉽게 범할 뿐만 아니라, 술에 빠져 있으면 생활이 엉망이 되고 직업을 잃을 수도 있으며, 특히 알코올 중독에 빠지면 그야말로 술 지옥에 빠지는 것입니다. 이런 이유에서 부처님께서는 불음주계를 제정했다고 생각합니다.

　또한 『대지도론大智度論』에서는 다음과 같이 우리들에게 경고하고 있습니다.

술에 취하면 절제할 줄 모르고, 돈을 함부로 써 버려 재산이 헛되이 사라진다. 온갖 싸움의 원인이 된다. 온갖 병을 부른다. 좋지 않은 소문이 나서 사람들에게 흉잡힌다. 술에 취하면 벌거벗기 일

쑤인데, 그럼에도 부끄러운 줄 모른다. 지혜가 흐려진다. 술에 취하면 비밀을 발설하게 된다. 부모를 공경할 줄 모른다. 나쁜 사람들과 어울리고, 어진 사람을 멀리한다. 이성異性에 홀려 마음이 흐트러진다. 나쁜 일을 저지르고, 착한 일을 하지 않게 된다. 죽은 뒤 지옥에 떨어지고, 사람으로 태어나면 늘 제정신을 잃고 지낸다.

이곳에 떨어진 죄인은 어떤 고통을 당할까요? 이곳에서는 옥졸이 죄인의 입에 질벅질벅하게 녹은 구리를 부어 넣어, 생전에 마신 술 대신에 뜨거운 구리액을 마시게 한다고 합니다. 또한 죄인을 끓고 있는 뜨거운 탕에 삶기도 하고, 냄비에 넣어 굽는 형벌의 고통을 준다고도 합니다.

이곳에도 16개의 부지옥이 있습니다만, 그 중에 두 개의 부지옥을 소개하겠습니다.

• *화말충증火末虫增* 에서는 무수한 구더기가 죄인의 피부, 살, 내장 등을 탐하여 체액을 빨아먹습니다. 이곳에는 어떤 죄를 범한 자가 떨어질까요? 이곳은 사바세계에서 술에 물을 타서 판매한 자가 떨어지는 지옥입니다. 게다가 지옥의 악업이 다하고 전생의 선업에 의해 인간으로 태어나도 곤궁하게 살게 된다고 합니다.

• *운화무증雲火霧增* 은 술을 싫어하는 사람에게 무리하게 술을 권

하여 조롱하거나 놀린 죄인이 가는 곳입니다. 이곳에서는 지면에서 100미터 높이까지 솟아오르는 화염으로 죄인을 들어 올려 회전시키면서 밧줄처럼 쪼여 고통을 줍니다.

규환지옥의 나머지 부지옥은 미주를 참조하시기 바랍니다.15)

(5) 거짓말한 자가 떨어지는 대규환지옥

대규환지옥大叫喚地獄 또는 대규지옥大叫地獄(mahāraurava-naraka)이란 '큰 대'(大), '부르짖을 규'(叫) 자로 이루어진 말로, '지극한 괴로움에 핍박되어 크고 혹독한 소리를 내지르고 비탄의 절규로서 원한을 말하기 때문에 대규'라고 합니다. 이곳은 규환지옥 밑에 있으며, 크기는 규환지옥과 동일합니다만, 형벌의 고통은 규환의 10배입니다. 이곳은 살생, 도둑질, 사음과 더불어 거짓말의 죄를 더한 죄인이 가는 곳입니다.16)

출가자에게 망어妄語 즉 거짓말이란 깨달음을 얻지 못했는데 깨달았다고 하는 것입니다. 이 거짓말은 교단 전체를 파탄에 이끄는 심각한 문제입니다. 그래서 출가자가 거짓말을 하면 교단에서 추방됩니다. 재가자의 거짓말은 다양합니다. 재가자의 거짓말로 인하여 서로 간에 믿음을 상실하면 인간관계는 무너지고 맙니다. 특히 신뢰를 바탕으로 형성된 사회 전체를 위험에 빠뜨립니다. 그래서 유식사상에서 신信은 가장 중요한 선한 마음이라고 합니다.

신이란 요즘 말로 하면 '믿음'이라고 할 것입니다. 종교적으로 말하면 신앙·신행·신심과 동의어로 사용 가능합니다. 그래서 신信을 신神에 대한 절대적인 믿음이나 신앙으로만 생각하기 쉽습니다. 특히 유일신을 숭배하는 종교에서는 신神(God)에게 절대적으로 헌신하는 것, 즉 절대의존의 감정을 신信이라고 합니다. 힌두교에서는 오로지 신에게 헌신하는 박티(bhakti, 信愛)를 신信이라고 합니다.

한편 신信을 인간관계와 관련시키면 신뢰, 친구와의 믿음 등과 같은 의미일 수도 있습니다. 다시 말해 신은 우리의 일상생활에서도 중요한 역할을 담당하고 있다는 것입니다. 우리들의 인간관계는 수많은 믿음 속에서 지속되고 있습니다. 예를 들면 부부간의 믿음, 부모와 자식 간의 믿음, 친구와의 믿음, 직장동료와의 믿음 등 말로 표현할 수 없을 만큼 인간관계는 믿음으로 이루어져 있습니다. 그러므로 이 믿음의 전제가 없고서는 우리들의 인간관계는 성립 자체가 불가능하다고 할 것입니다. 만약 우리들이 서로 믿음을 갖지 못하고 불신하기만 하면 모든 인간관계뿐만 아니라 그 사회체계가 무너지고 말 것입니다. 이처럼 종교적인 신앙이나 믿음 또는 부부나 친구 간의 믿음도 신이라고 할 수 있습니다.

그리고 참선 화두를 잡을 때 세 가지 요건, 즉 삼요三要에 대신근

大信根이 있습니다. 대신근이란 수미산 같이 확고한 믿음을 말합니다. 그 믿음은 바로 부처님이나 스승의 가르침에 대한 믿음입니다. 또는 내가 곧 부처라는 확고한 믿음을 말합니다. 이처럼 믿음은 참선을 참구할 때도 아주 중요한 기능을 담당합니다.

그렇지만 유식에서 말하는 신이란 감성적인 측면의 믿음 또는 친구나 부부 사이의 믿음이나 신뢰를 가리키는 좁은 의미가 아닙니다. 『성유식론成唯識論』에서는 신을 '진리가 실유하는 것을 믿고 아는 것'(實有信忍)이라고 정의하고 있습니다. 즉 실實이란 이 세계에 존재하는 일체법(연기, 무상, 무아, 사성제)을 관통하는 진리가 실유實有한다는 의미입니다. 그리고 인忍이란 실유한다는 것을 인식하고 확인한다는 뜻입니다. 여기서 일체법(연기)을 관통하는 진리가 실유한다는 것을 믿고 아는 것을 '신'이라고 정의한 의미를 설명하겠습니다. 『유가사지론瑜伽師地論』에서는 이 말을 '제법의 도리를 관찰'하는 것이라고 설명하고 있습니다. 즉 제법의 도리란 '연기의 도리'를 다르게 표현한 것입니다. 연기의 도리란 '모든 것은 스스로 존재하는 법이 없고 다른 것의 도움을 받아 생존한다'는 뜻입니다. 내 자신이 다른 것의 도움을 받아 살아간다는 사실을 직시했다면 타인에게 감사하는 마음과 동시에 타인을 배려하는 자비와 보시의 마음을 가져야 하는 것은 당연할 것입니다. 그러므로 올바른 '신'을 갖는다는 것은 결국 자비의 마음을 실천하는 것입니다.

또한 신을 '불법승 삼보의 덕(德)을 믿고(信) 동경(樂)하는 것'(有德信樂)이라고 정의하고 있습니다. 즉 부처님과 부처님의 가르침인 진리(법), 그리고 부처님과 부처님의 가르침을 믿고 따르는 공동체(상가)를 믿고 동경하는 것을 '신'이라고 합니다.

게다가 '자신의 능력(能)을 믿고(信) 의욕(欲)적으로 실행하는 것'(有能信欲), 즉 자신도 수행을 하면 과거의 수행자들과 같이 불교의 진리를 증득할 수 있는 힘이 생긴다는 것을 믿고, 그 힘을 얻으려고 하는 것을 신이라고 하였습니다. 즉 누구나 부처가 될 수 있는 가능성을 가지고 있다는 것을 믿는 것입니다. 이것을 대승불교에서는 '여래장', 열반경에서는 '일체중생실유불성', 선종에서는 중생즉부처 등으로 표현하고 있습니다. 이것을 유식학적으로 표현하면 부처가 될 수 있는 힘을 아뢰야식 속에 종자로써 가지고 있다는 것입니다. 이런 힘(가능성)을 가지고 있기 때문에 인간은 정진(노력)을 통하여 생로병사의 괴로움으로부터 벗어날 수 있는 것입니다.

따라서 불교에서는 실유, 삼보, 능력을 우리들이 지성으로써 인식하고 원하고 바라서(감정) 그것을 실행(의지)하고자 하는 것을 신이라고 합니다. 다시 말해 불교에서는 지성, 감성, 의지를 신이라고 정의하고 있습니다. 이런 의미에서 불교를 신앙이나 믿음의 종교가 아니라 신행의 종교 또는 지혜의 종교라고 하는 것입니다.

지금까지 소개한 다섯 가지의 지옥(등활, 흑승, 중합, 규환, 대규환)은 모두 오계를 범한 자들이 떨어지는 지옥입니다. 오계란 출가자뿐만 아니라 재가자도 지켜야 하는 것입니다. 따라서 출가자는 말할 필요도 없으며, 재가자 또한 오계를 지키지 않으면 지옥에 떨어진다는 것입니다.

지금부터 소개할 세 개의 지옥은 주로 출가자가 죄를 범했을 때 떨어지는 지옥입니다. 초열지옥, 대초열지옥, 아비지옥이 그것입니다.

(6) 인과의 도리를 믿지 않는 자가 떨어지는 초열지옥

초열지옥焦熱地獄 또는 염열지옥炎熱地獄(tapana-naraka)은 뜨거운 불길이 몸을 따라 전전하고 주위를 활활 태우는 괴로움을 참기 어려운 지옥입니다.

이곳은 대규환지옥 밑에 있고, 크기는 대규환지옥과 동일하며, 형벌의 고통은 대규환지옥의 10배입니다. 이곳에 떨어지는 자는 앞에서 언급한 살생, 도둑질, 사음, 거짓말을 더하여 사견邪見을 범한 자입니다. 사견이란 '간사할 사'(邪) 자와 '볼 견'(見) 자로 이루어져 있는데, 일반적으로 부처님의 가르침인 연기, 사성제 또는 인과의 도

리를 인정하지 않는 견해를 말합니다. 우리들은 보통 죄를 지으면 죗값을 받고, 좋은 일을 하면 좋은 과보를 받는다고 믿고 있습니다. 그런데 사견은 이런 인과의 도리를 부정하는 견해입니다. 그래서 견見 중에서도 사견은 가장 나쁜 것입니다. 유식사상에서는 사견 이외에도 잘못된 견해를 자세하게 구분하고 있습니다.

먼저 살가야견薩迦耶見(satkāyadṛṣṭi)입니다. 살가야견이란 범어 '존재하다'라는 사트(sat), '몸'(신체)이라는 카야(kāya), '보다'라는 드리스티(dṛṣṭi)로 이루어진 합성어를 발음 나는 대로 음사한 것입니다. 그래서 한역에서는 '신체(身)가 있다(有)고 집착하는 견해(見)'라는 의미로 유신견有身見이라고 합니다. 다시 말해 살가야견은 무상·무아인 자기의 존재가 '오온개공'임에도 불구하고 상주 불변하는 것으로 생각하거나, 자기가 가진 것에 집착하거나 애착하여 생기는 번뇌를 말합니다.

다음은 변집견邊執見입니다. 변집견이란 '가장자리 변'(邊), '잡을 집'(執), '볼 견'(見)으로 이루어진 글자로, 극단에 집착하는 견해라는 뜻입니다. 특히 변집견은 우리들이 죽으면 모두 사라진다는 단멸론과 죽으면 영혼과 같은 것이 영원히 존재한다는 상주론의 극단적인 견해를 말합니다. 우리들은 자신의 견해, 경험, 지식, 감정을 가지고 사물을 판단합니다. 그렇기 때문에 끊임없이 자기의 견해가 바른지

그른지, 다시 말해 변집견에 빠져 있는지 그렇지 않은지를 항상 점검하고 반성해야 하는 것입니다.

불교에서 말하는 대표적인 양극단에는, 이 세계는 존재한다 또는 존재하지 않는다는 '유무론有無論', 인간이 죽으면 모든 것은 사라진다는 단멸론과 인간이 죽어도 영혼은 불변한다는 상주론의 '단상론斷常論', 육체를 괴롭히는 고행과 애욕에 집착하는 쾌락의 '고락론苦樂論'이 있습니다. 그래서 부처님도 이러한 양극단에서 벗어난 유무중도, 단상중도, 고락중도의 실천을 강조하였던 것입니다.

요즈음 남의 사고방식이나 남의 종교를 무시하고 자기의 사고방식이나 종교를 강요하는 집단이나 개인이 극성을 부리고 있습니다. 그런 집단이나 개인을 언제까지 보고 있어야 할지 우리들의 인내심을 시험하고 있는 것 같습니다. 필자 주변을 보면 이런 현실을 힘들어 하는 사람들이 많습니다. 그래서 제가 "그런 생각은 극단에 빠진 변견입니다. 부처님의 가르침과 위배됩니다"라고 합니다만, 사실 이런 말을 하는 제 자신도 분노할 때가 한두 번이 아닙니다. 다시 말해 내가 믿고 있는 종교 이외에는 다 우상숭배라고 극단적으로 생각하는 좀벌레 같은 종교인들이 판치는 세상, 우리 편 아니면 적군이라는 극단적인 사고방식, 이것은 되고 저것은 안 된다는 우물 안 개구리 같은 좁은 소견이 마치 진리인 양 판치는 일상생활에서 양극단을 벗어난 중도를 실천하기는 너무나 힘이 듭니다. 그렇다고 내 삶의 중요한 터전인 대한민국에서 부처님의 가르침을 포기할 수는 없습니다. 그렇기 때문에 우리에게는 열심히 그리고 묵묵히 수행하는 길밖에 없을 것 같습니다. 나아가 양극단의 사고방식이 횡행하지 않도록 뜻있는 도반끼리 모여 행동으로 보여 주는 실천도 반드시 동반해야 할 것입니다.

다음은 견취견見取見입니다. 견취견이란 자신의 사고방식이나 견해가 올바르다고 생각하는 견해입니다. 다시 말해 견취견은 자신의 주장만을 절대적으로 올바르다고 생각하는 것입니다. 이런 사람은 자신의 견해에 대해 반성하는 마음이 없습니다. 이와 같이 자신의 견해만이 옳다고 주장하면 타인과 화합하거나 타협할 수 없기 때문에 결국 싸움만이 있을 뿐입니다.

인류 역사를 보면 종교나 사상이 다르다는 이유만으로 타인을 살해하거나 전쟁을 일으키는 광란이 자행되어 왔습니다. 이것은 결국 자기의 종교나 견해만이 옳다는 생각에서 연유한 것입니다. 그래서 『성유식론』에서는 견취견을 "모든 투쟁(싸움)의 의지처"라고 주석하고 있습니다.

다음은 계금취견戒禁取見입니다. 계금취견이란 잘못된 계율을 뛰어난 계율이라고 생각하고, 그것에 따라 살아가는 방식을 정당하다고 여기며, 그것에 의해 해탈에 도달할 수 있다고 집착하는 견해입니다. 다시 말해 자신이 믿고 있는 계율을 절대시하는 것입니다.

부처님 당시에도 잘못된 계율을 신봉하는 사람들이 많았습니다. 특히 고행 즉 자기의 몸을 괴롭히는 것을 권장하는 계율을 바른 계율이라고 믿고, 그것을 실행하며 다른 계율을 일체 인정하지 않았습니다.

부처님은 인간의 가장 보편적인 계율인 오계와 팔재계의 준수를 우리에게 요구하고 있습니다. 다시 말해 계금취견은 부처님의 가르침인 오계와 팔재계를 준수하지 않고 잘못된 계율인 고행 등을 지키며, 이것에 집착하는 것입니다.

다시 본론으로 돌아가겠습니다. 또한 초열지옥은 사견의 죄를 범한 자뿐만 아니라 자살한 자들이 떨어지는 지옥입니다. 다시 말해 사바세계의 삶이 힘들어 천계에 태어나려고 자살한 사람이 떨어지는 지옥입니다. 우리나라는 현재 OECD 국가 중에 자살률이 가장 높은 것으로 알려져 있습니다. 자살하는 원인은 개개인의 차이가 있겠지만, 정신의학자들의 견해에 따르면 대개 다음과 같은 이유에서 자살을 한다고 합니다. 즉 연애에 실패하여, 남편의 외도에 실망하여, 현실생활에서 좌절과 불행에 지쳐, 성취하려고 노력했지만 실패하자 좌절하여 자살(자신의 무능)한다고 합니다. 이처럼 경제적인 현실에 좌절하거나 인간관계에 절망하여, 다시 말하면 더 이상 '희망'이 보이지 않을 때 대부분의 인간은 자살을 선택한다고 합니다. 결국 한국에서 자살률이 높다는 것은 개인적인 문제도 있지만, 우리나라가 현실적으로 생활하기에 힘든 나라라는 사실을 반증하는 것입니다. 현재 자살률을 낮추기 위하여 국가와 종교계에서 많은 노력을 하고 있습니다만, 선진국에 비해 많이 미흡한 실정입니다. 그러므로 불교계의 역할이 중요한 시기라고 생각합니다. 왜냐하면 자본주의는 욕망을 추구하는 사회입니다. 그 욕망이 충족되지 않을 때 인간은 좌절하여 자살하는 경우가 많습니다. 필자는 불교가 욕망을 억제하는 방법을 가장 잘 제시하는 종교라고 생각합니다. 그래서 자살방지를 위한 불교계의 역할이 중요하다고 생각하는 것입니다.

다시 초열지옥의 설명으로 돌아가겠습니다. 그렇다면 초열지옥에 떨어진 죄인은 어떤 고통을 받을까요? 초열지옥은 이름 그대로 뜨거운 불길이 맹렬하게 타오르는 곳입니다. 특히 우리의 감각으로 느끼는 뜨거움을 초월한 업의 불길(業火, 지옥에 떨어진 죄인을 태워 없애버리는 강렬한 불)이 타오르고 있습니다. 그 업의 불길은 우리가 살고 있는 사바세계 전부를 한순간에 불태울 만큼 강렬하다고 합니다.

업의 불길만으로도 뜨거운데, 이곳에서는 마두와 우두의 옥졸이 죄인을 눕혀 뜨겁게 달군 철봉으로 머리부터 발끝까지 때린다든지 철로 만든 냄비 속에 넣어 삶는다든지 또는 항문에서 머리까지를 꼬챙이로 꿰어 통째로 굽기도 하는 고통을 준다고 합니다.

초열지옥의 부지옥은 미주를 참조하시기 바랍니다.17)

(7) 성범죄자가 떨어지는 대초열지옥

대초열지옥大焦熱地獄은 극열지옥極熱地獄(pratāpana-naraka)이라고도 하는데, '안과 밖, 자신과 타인의 사지 마디가 모두 맹렬한 불길을 낳고 서로가 서로를 태워 해치는 곳으로, 지극히 뜨거운 곳이기 때문에 극열'이라고 합니다. 이곳은 염열지옥 밑에 위치하고, 크기는 염열지옥과 동일하며, 형기는 염열지옥의 10배입니다.

이곳에서는 염열지옥의 고통과 더불어 다른 죄인들의 괴로워하는 신음소리, 아우성, 울음소리를 들려주거나 보여 주기도 합니다. 그렇게 하여 죄인에게 더욱더 공포를 느끼게 합니다.

이곳은 살생, 도둑질, 사음, 음주, 거짓말, 사견과 더불어 계율을 잘 지키고 있는 여성신자(우바이, 청신녀) 또는 비구니를 범한 자가 가는 곳입니다. 다시 말해 이런 죄를 지은 출가자가 떨어지는 지옥입니다. 성범죄는 여자에 비해 남자가 범하는 경우가 많기 때문에 주로 비구, 남성재가자가 극열지옥에 떨어질 확률이 높습니다.

그렇다면 극열지옥에서 죄인은 구체적으로 어떤 고통을 받을까요? 이런 죄를 범한 출가자에게는 옥졸이 뜨겁게 달군 칼로 죄인의 피부를 벗기거나 나체로 태우거나 또는 달군 철물을 전신에 뿌린다고 합니다.

대초열지옥의 형기는 중겁中劫입니다. 겁이란 사방 10킬로 되는 거대한 돌(盤石劫)을 1년에 한 번 천녀가 내려와 부드러운 비단옷으로 쓸어 닳아 없어지는 시간을 의미합니다. 따라서 중겁이란 '겁보다 긴 시간'으로, 숫자로 헤아릴 수 없다는 상징적인 표현입니다.

다음은 대초열지옥의 부지옥을 간략하게 소개하겠습니다.

• *일체방초열증一切方焦熱增* 은 재가여성신자(우바이)를 범한 자가 떨어지는 지옥입니다. 이곳에서 죄인은 어떤 고통을 당할까요? 이곳은 온 사방(一切方)이 불길(焦熱)로 가득 차 있어, 죄인들은 항상 불타는 고통을 당합니다. 그래서 일체방초열지옥이라고 합니다. 또한 옥졸이 죄인의 다리를 두루마리처럼 감아 전신의 피가 머리에 모이면 그곳에 못을 박아 고통을 줍니다.

• *대신악후가외지증大身惡吼可畏之增* 은 출가는 했지만 아직 정식 스님이 되지 않은 여자(사미니)를 범한 자가 떨어지는 지옥입니다. 옥졸이 족집게 가위로 죄인의 전신에 난 털을 살점과 함께 하나씩 뽑아 고통을 줍니다. 게다가 지옥의 악업이 다하더라도 축생으로 태어나 고통을 당하며, 인간으로 태어나도 고자로 태어난다고 합니다.

• *화계증火譬增* 은 불법을 제대로 익히고 바르게 행하고 있는 여성을 범한 자가 떨어지는 지옥입니다. 이곳에서 죄인은 어떤 고통을 당할까요? 활시위처럼 길쭉한 몸에 날카로운 송곳니를 가진 벌레가 옥졸에게 묶인 죄인의 항문으로 들어가 내장에서 뇌, 그리고 머리까지 전부 먹고서 밖으로 나오게 하는 고통을 줍니다. 이곳의 악업이 다하더라도 아귀나 축생으로 태어나 천년 동안 고통을 당하며, 인간으로 아주 어렵게 태어나도 고자로 태어난다고 합니다.

• *우루만두수증雨樓鬘抖擻增* 은 국가의 위기 상황에 빠진 혼란한 틈을 이용해서 계율을 지키고 있는 비구니를 범한 자가 떨어지는 지옥입니다. 이곳은 회전하는 칼이 곳곳에 꽂혀 있어 조금만 움직여도 바로 죄인의 살점을 도려냅니다.

• *타타타제증吒吒吒齊增* 은 계를 받아 바르게 실천하고 있는 여성을 범한 자가 떨어지는 지옥입니다. 이곳에 떨어진 죄인의 몸은 격렬한 바람에 휩쓸려 산산조각이 나고 살점은 곳곳에 흩어집니다. 또는 금강과 같이 단단한 이빨을 가진 쥐가 죄인의 생식기를 먹고서 차례로 내장을 먹어 치웁니다.

• *우사화증雨沙火增* 은 불문에 갓 들어온 비구니를 범한 자가 떨어지는 지옥입니다. 이곳에는 500유순이나 되는 큰 화염의 바닥에 금강 모래로 된 거대한 개미지옥이 있는데, 뜨거운 모래(雨沙)가 비처럼

내려 죄인을 삼켜 버립니다. 게다가 모래에는 날카롭고 뾰족한 것이 꽂혀 있습니다.

• *내열비증*(內熱沸增)은 삼보에 귀의하고 오계를 받은 여성재가신자(우바이)에 대해 비법(非法)을 행한 자가 떨어지는 지옥입니다. 이곳은 화염에 싸여 있는 가운데, 다섯 개의 화산에만 나무가 우거져 있는 연못이 있습니다. 죄인이 그것을 보고 화산에 가면 폭풍에 감긴 화산 내부에서 타 죽습니다. 그래서 내부(內)가 뜨겁게 끓고(熱沸) 있는 내열비지옥이라고 합니다.

• *보수일체/자생고뇌증*(普受一切資生苦惱增)은 출자가임에도 불구하고 계를 받은 여성을 속여 돈을 주고 관계한 자가 떨어지는 지옥입니다. 이곳에서는 옥졸이 뜨거운 칼로 죄인의 피부를 벗기고, 살점이 드러난 곳을 불로 굽는 고통을 줍니다. 과거 조그만 선업 덕분에 인간으로 태어나더라도 고자로 태어납니다.

• *비다라니증*(牌多羅尼增)은 정숙한 여자에게 약물을 먹여 정신을 혼미하게 한 뒤 억지로 관계를 한 자가 떨어지는 지옥입니다. 암흑 속에서 고온의 철 막대기가 비처럼 내려 죄인에게 차례차례로 꽂힙니다. 게다가 옥졸이 독사가 가득한 비다라니 강에 죄인을 던져 넣어 물리게 하는 고통을 줍니다. 인간으로 태어나도 풀뿌리만 먹고 겨우 목숨을 부지한다고 합니다.

• **무간암증**無間闇增은 선한 행동을 하는 사람을 여성으로 하여금 유혹하게 하여 타락시킨 자가 떨어지는 지옥입니다. 이곳에는 금강도 파괴할 만큼 날카로운 부리를 가진 벌레가 죄인의 내장뿐만 아니라 뼛속의 골수까지 먹습니다. 인간으로 태어나더라도 음탕한 여자의 종으로 태어나며 피부병에 시달린다고 합니다.

• **고계증**苦髻增은 자신과 관계없으면 윗사람에게 중상모략하여 처벌을 받게 하겠다고 협박한 뒤 훌륭한 스님을 유혹하여 타락시킨 여성이 떨어지는 지옥입니다. 옥졸이 죄인에게 철로 된 톱으로 전신을 자르는 고통을 줍니다.

• **발괴오증**髮愧烏增은 술에 취해 음욕이 왕성하여 누이나 여동생을 범한 자가 떨어지는 지옥입니다. 이곳에서는 옥졸이 죄인을 뜨거운 용광로에 넣고 풀무로 더욱더 화력을 강하게 하여 불태웁니다. 또는 죄인을 북에 넣은 뒤 옥졸이 북을 강하게 쳐 고통을 줍니다. 과거의 조그만 선업으로 인간으로 태어나도 불안한 상태로 살아가야 합니다.

• **비고후증**悲苦吼增은 특별한 행사(법회 등) 중임에도 불구하고 자매와 관계를 가진 자가 떨어지는 지옥입니다. 이곳에서는 언뜻 보면 평화로운 숲으로 보여 죄인이 모두 그곳으로 도망가지만, 그곳에는 천 개의 머리를 가진 거대한 용이 있어 죄인을 입안에 넣고 씹습니

다. 게다가 옥졸이 뜨거운 쇠절구로 죄인을 찧어 쌀가루처럼 만듭니다. 인간으로 태어나더라도 구걸하며 살아야 합니다.

• *대비증大悲增*은 불전 등을 배우고 있는 선인善人의 아내와 딸 등을 속여 범한 자가 떨어지는 지옥입니다. 이곳은 칼이 빽빽하게 꽂혀 있는 바닥에 옥졸이 죄인을 형태가 없을 때까지 문질러 고통을 줍니다. 전생의 조그만 선업 덕분에 인간으로 태어나도 태아의 상태로 죽거나 걷기 전에 죽는다고 합니다.

• *무비암증無非闇增*은 아들의 아내, 즉 자신의 며느리를 범한 자가 떨어지는 지옥입니다. 이곳에서는 옥졸이 죄인을 끓는 솥에 넣어 삶은 후 절구에 찧어서 만두로 만듭니다.

• *목전증木轉增*은 목숨을 구해 준 은인의 아내를 범한 자가 떨어지는 지옥입니다. 이곳에서는 옥졸이 죄인을 끓는 강에 넣어 삶은 후에 거대한 물고기(摩竭受大漁)에게 먹게 합니다. 전생의 조그만 선업으로 인간으로 태어나더라도 여자에게 미움을 받으며 500년 동안 여자와 관계를 할 수 없다고 합니다.

(8) 계율을 지키지 않은 출가자가 떨어지는 아비지옥

아비지옥阿鼻地獄(avīci-naraka) 또는 무간지옥無間地獄은 괴로움을 받는 것이 쉴 사이(無間)가 없으며, 항상 괴로움을 받는 것이 다른 일곱

의 지옥과는 같지 않기 때문에 이런 이름이 붙었습니다. 다시 말해 아비지옥은 한 순간도 쉬지 않고 계속해서 죄인에게 고통을 가하는 곳입니다. 앞에서 언급한 일곱 가지 지옥에서는 비록 짧은 시간이지만 잠시나마 휴식을 줍니다만, 이곳에서는 고통이 쉼 없이 계속됩니다. 아비 또는 아비지라는 말은 범어 아비치(avīci)의 음사이며, 한역에서는 무간無間이라고 합니다. 그런데 독자들께서 명심해야 할 것이 있습니다. 아비지옥의 고통은 무간無間(INCESSANT)이지 무한無限(ENDLESS)이 아니라는 것입니다. 죄업이 다하면 언젠가는 아비(무간)지옥에서 벗어난다는 사실입니다.

아비지옥은 극열지옥 밑에 위치하고 전체 둘레는 8만 유순입니다. 아비지옥은 지옥 중에서 가장 크며, 고통도 극심한 곳입니다. 게다가 형벌의 고통은 앞의 대초열지옥의 첫 배입니다.

아비지옥은 어떤 죄를 범한 자들이 떨어지는 곳일까요? 이곳은 누구보다도 수행에 전념하고 계율을 지켜야 하지만 그것을 지키지 않은 출가자, 즉 파계승이 떨어지는 지옥입니다. 불교는 출가자에게 대단히 엄격한 계율을 적용합니다. 물론 처음에는 남자에 한정되었습니다만, 이른바 '오종불남', 즉 양성을 가진 자, 성기가 없는 자, 동성애자 등은 출가할 수 없습니다. 그리고 출가자는 모든 성행위를 금지합니다. 당연히 수간獸姦(짐승과의 성교), 사간死姦(죽은 자와의 성교)

등도 엄격히 금할 뿐만 아니라 어긴 자는 교단에서 추방합니다.

그렇지만 재가자에게는 특별한 규정이 없습니다. 다만, '비시비지非時非支'의 규정이 있습니다. '비시'는 때 아닌 때라는 뜻이기 때문에 밤 이외의 대낮에는 관계를 하지 말라는 것입니다. '비지'란 '비지非肢'라는 의미로 손이나 발을 사용한 섹스를 하지 말라는 것입니다. 또한 남편이 있는 여자 또는 아내가 있는 남자와의 관계, 즉 불륜도 금하고 있습니다.

지옥 중에서도 가장 밑에 위치하는 아비지옥에 갈 때 죄인은 머리를 밑으로 하고 다리를 위로 하여 밑으로 밑으로 아비지옥에 떨어집니다. 그래서 '지옥에 간다'라는 말보다 '지옥(나락)에 떨어지다'라는 표현을 하는 것입니다. 우리들이 살고 있는 사바세계의 시간으로 계산하면 2천 년에 걸쳐 아래로 아래로 떨어집니다. 게다가 아비지옥에 떨어지는 동안 까마득한 어둠속에서 이미 아비지옥에 도착한 죄인의 괴로워하는 소리가 끊임없이 들려옵니다. 얼마나 괴로울까요? 독자께서도 한번 상상해 보세요.

이렇게 2천 년에 걸쳐 아비지옥에 도착하면 이번에는 어떤 형벌이 기다리고 있을까요? 아비지옥은 일곱 겹의 철로 된 성으로 둘러싸여 있으며, 일곱 층의 철망이 보호하고 있습니다. 밑에는 18개의 칸막이벽이 있으며, 게다가 칼로 된 숲이 주위를 둘러싸고 네 벽 구석에는 동철銅鐵로 된 네 마리의 개(犬)가 지키고 있습니다. 개의 신장은 40킬로미터, 어금니는 검과 같이 날카롭고, 이빨은 칼산과 비슷하며, 혀는 바늘산과 같고, 털구멍(毛穴)에서는 맹렬한 불과 지독한 악취가 납니다.

그다음에는 18명의 옥졸이 죄인을 기다리고 있습니다. 64개의 눈, 길이 40킬로미터의 어금니, 8개의 손과 머리에 18개의 불을 가진 옥졸이 등장합니다. 또한 발밑에는 철로 된 8만4천 마리의 커다란 뱀, 500억 마리의 기분 나쁜 벌레가 기다리고 있습니다.

이곳에서는 타고 있는 업의 불길(業火)로 죄인의 뼛속까지 태우며, 철로 만든 지면에 죄인이 넘어지면 입을 억지로 벌려 철을 녹인 쇳물을 부어 넣습니다. 게다가 뜨거운 철산을 오직 혼자 오르락내리락 끊임없이 반복하게 합니다. 이곳에도 16개의 부지옥이 있습니다. 그 중에 몇 개를 소개하겠습니다.

• **철야간식증**鐵野干食增 에는 어떤 죄를 범한 자들이 떨어질까요? 이곳은 사바세계에서 불상을 태웠거나 출가자의 방이나 침구를 태운 자들이 떨어지는 지옥입니다. 이곳에서는 죄인의 몸이 10유순의 높이에서 불태워지면 철로 된 기와가 소나기처럼 내려 죄인의 몸을 말린 고기처럼 때려서 부수어 버립니다. 그러면 철鐵로 된 뜨거운 어금니를 가진 이리(野干)가 달려들어 죄인의 살을 먹습니다(食). 그래

제2장 육도윤회 135

서 철야간식지옥이라고 합니다. 지옥의 악업이 다하여 인간으로 태어나더라도 남의 심부름만 하며 늘 굶주림에 시달린다고 합니다.

• 흑두증黑肚增은 사바세계에서 부처님께 올린 보시물을 취해서 자기 마음대로 사용한 자가 떨어지는 지옥입니다. 이곳에서는 굶주림과 갈증에 시달리게 하여 죄인 자신의 몸을 먹게 하는 형벌을 받습니다. 게다가 자신의 몸을 다 먹으면 몸은 다시 되살아납니다. 이처럼 다시 자신의 살을 먹는 형벌을 계속해서 되풀이합니다. 게다가 검은 배(黑腹)를 가진 뱀이 나와 죄인의 몸을 감아 먹습니다. 그래서 흑두지옥이라고 합니다.

• 우산취증雨山聚增은 독각승獨覺乘(중생 구제보다는 혼자 깨달음을 얻기 위해 수행하는 자)의 음식을 취하여 혼자 먹고 다른 사람에게 주지 않은 자가 떨어지는 지옥입니다. 이곳에는 1유순이나 되는 커다란 철산이 위에서 비처럼 내려와 죄인의 몸을 부수어 버립니다. 그래서 우산취지옥이라고 합니다. 또한 옥졸이 죄인의 몸을 칼로 자른 뒤 그곳에 극히 뜨거운 쇳물을 부어 넣습니다. 그러면 죄인은 44가지의 병에 걸려 끊임없이 고통을 당합니다. 지옥의 악업이 다하여 아귀로 태어나면 500년 동안 똥만 먹고 사는 고통을 당하고, 축생(사슴)으로 태어나면 700년 동안 굶주림에 시달리며, 인간으로 태어나더라도 늘 남에게 맞는 고통을 당한다고 합니다.

• *염바파도증*閻婆度增 은 사람들이 마시는 강물을 오염시켜 물을 못 마시게 한 죄인이 떨어지는 지옥입니다. 이곳에는 코끼리처럼 큰 '염바파도'라는 새가 죄인을 물고 높이 날아간 뒤 지상으로 떨어뜨려 산산조각 냅니다. 그래서 염바파도지옥이라고 합니다. 또한 칼로 만든 길이 있는데, 그 칼이 죄인의 다리를 자르면, 불을 토하는 이빨을 가진 개가 와서 그것을 먹는다고 합니다.

나머지 아비지옥의 부지옥은 미주를 참조하시기 바랍니다.[18]

이처럼 아비지옥과 그 부지옥은 주로 오역죄五逆罪와 사중계四重戒를 범한 자들이 떨어지는 지옥입니다. 오역죄란 부모를 살해한 자, 아라한(깨달은 자)을 살해한 자, 부처님의 신체를 손상시킨 자, 교단의 화합을 깨트린 자입니다. 사중계란 출가자가 반드시 지켜야 할 계로, 살생, 도둑질, 사음, 거짓말을 말합니다.[19]

지금까지의 지옥 이야기를 종합해 보면 등활지옥은 살생한 자, 흑승지옥은 살생과 도둑질한 자, 중합지옥은 살생·도둑질·음주한 자, 규환지옥은 살생·도둑질·음주·사음한 자, 대규환지옥은 살생·도둑질·음주·사음·거짓말한 자, 초열지옥은 살생·도둑질·음주·사음·거짓말·사견에 빠진 자, 대초열지옥은 살생·도둑질·음주·사음·거짓말·사견·여성재가신자나 비구니를 범한 자, 아비지옥(무간지옥)은 살생 · 도둑질 · 음주 · 사음 · 거짓말 · 사견 · 여성재가 신자나 비구니를 범한 자 · 파계한 자가 떨어집니다.[20]

3) 추위에 고통을 당하는 여덟 가지 지옥인 팔한지옥

앞에서는 뜨겁거나 더운 여덟 가지 지옥(八熱地獄)에 대해 기술했습니다. 이제는 추운 여덟 가지 지옥(八寒地獄)에 대해 말씀드리겠습니다. 팔한지옥八寒地獄의 명칭은 한자로 번역한 것이 아니라 한자의 발음대로 음사한 것이라 조금 어렵습니다. 팔한지옥은 알부타頞部陀지옥, 니랄부타尼剌部陀지옥, 알찰타頞哳陀지옥, 확확파臛臛婆 또는 학학파郝郝婆 지옥, 호호파虎虎婆지옥, 올발라嗢鉢羅지옥, 발특마鉢特摩지옥, 마하발특마摩訶鉢特摩지옥입니다. 불교의 발상지인 인도의 기후가 열대지방이라서 냉한冷寒에 대한 묘사는 그다지 상세하게 남아 있지 않고 명칭만 현존합니다.

알부타(arbuda)란 종기(부스럼, 물집)를 말하는데, 몸에 종기가 날 정도로 추운 지옥이라는 의미입니다. 니랄부타(nirabuda)란 추위 때문에 종기가 터진 상태를 말하며, 알찰타(아타타atata)는 추워서 소리를 낼 수가 없어 혀끝만 움직이는 것을 말합니다. 그리고 학학파(하하바 [hahava])는 입을 움직이지 못해 목구멍에서 괴상한 소리를 내는 것을 말하며, 호호파(후후바huhuval)는 입술 끝만 움직이며 신음을 내는 것을 말합니다. 올발라(우트팔라utpala)는 추위 때문에 동상에 걸려 온몸이 푸른색으로 변한 것을 말합니다. 그리고 발특마(파드마padma, 연꽃)는 추위 때문에 온몸이 붉게 된 상태를 말하며, 이것이 더욱 악화되어 온몸이 더욱 붉게 물들며 피부가 연꽃 모양으로 터진 것을 마하발특마(마하파드마mahāpadma)라고 합니다. 또는 피부가 홍적색紅赤色이 되기 때문에 홍련나락가紅蓮那落迦21)라고도 합니다. 이처럼 알찰타, 확확파, 호호파 지옥은 소리에 근거한 명칭이며, 나머지 지옥은 신체의 변화를 근거로 이름 붙인 지옥이라는 것을 알 수 있습니다.

이상으로 지옥에 대한 설명을 마쳤습니다. 독자 여러분! 지옥을 묘사한 글을 읽고 어떤 느낌이 드세요? 세세한 지옥 묘사를 보고 그 누구도 지옥을 피할 수 없다는 사실에 겁먹었나요? 사실 부파불교시대의 출가자들이 지옥을 이렇듯 아주 세세하게 묘사한 이유에 대해 생각해 볼 필요가 있습니다. 그들은 우리에게 겁주기 위해 지옥을 아주 자세하게 묘사했을까요? 저는 일종의 '경고'라고 생각합니다. 다시 말해 가능한 오계를 지키고자 노력하라는 의미와 열심히 수행하라는 경고의 메시지라고 생각합니다. 즉 '현실의 삶에 충실하라'라는 경고성이 강한 메시지일 뿐입니다. 특히 계율을 잘 지키지 않는 출가자들을 향한 경고의 가르침입니다.

4. 먹고 마실 수 없는 고통을 당하는 아귀도

다음은 육도세계 중에서 아귀도에 대해 설명하고자 합니다. 도대체 아귀도는 어디에 있을까요? 아귀도는 두 곳에 있다고 하는데, 그 중에 하나는 섬부주 지하 500유순에 위치하고 있으며, 염마왕이 다스리는 곳입니다. 또 하나는 인간계와 천계 사이에 있다고 합니다. 이처럼 아귀도는 지하세계에만 있는 것이 아닙니다. 아귀는 인간계에 살기도 하고 천계에 살기도 합니다. 그렇지만 천상이나 인간계에 살고 있다고 하더라도 아귀이기 때문에 끊임없이 고통을 받습니다.

아귀도는 지옥 다음으로 고통이 심한 곳입니다. 이곳은 지옥과는 다른 고통을 준다고 합니다. 그렇다면 아귀도에 떨어지면 어떤 고통을 받을까요? 아귀도는 자기가 원하는 것을 가질 수 없는 고통을 주는 세계입니다. 인간의 괴로움 중에서 구부득고求不得苦[22], 즉 구하지만 얻을 수 없는 괴로움이 있습니다. 사바세계의 인간은 욕망을 충족하지 못할 때 괴롭습니다. 그렇다면 아귀도에서 원하는 것을 가질 수 없는 고통은 어떤 고통일까요? 생명을 가진 존재, 특히 인간이 가장 원하는 것은 아마도 생명을 유지하기 위해 반드시 필요한 음식물과 음료수일 것입니다. 그런데 아귀도에 떨어진 자는 굶주림과 갈증의 고통을 받는다고 합니다. 다시 말해 이곳에서 아귀는 먹지도 마시지도 못하는 고통을 당합니다.

아귀도는 지옥이 아니므로 형기도 지옥보다 짧고 고통도 지옥보다 훨씬 덜합니다. 지옥에서 형기가 가장 짧은 곳은 1조 6천2백 년의 등활지옥입니다. 아귀도의 하룻밤은 사바(인간세계)의 30일이므로 아귀의 수명은 5백 년, 즉 계산해 보면 1만5천 년이 됩니다. 지옥의 형기와 비교해 보면 1억분의 1로 아주 짧습니다.

그렇다면 아귀도에는 어떤 죄인들이 떨어질까요? 아귀도는 타인을 시샘(질투)하거나 물건을 지나치게 아낀 자, 탐욕스러운 자, 식탐이 강한 자 등이 가는 곳입니다.

아귀란 범어 프레타(preta, 가넌(往) 자)의 번역인데, 프레타는 '-앞으로, 저쪽으로'라는 접두사 pra, 가다는 의미인 동사원형 √i, 과거수동분사를 만들 때 첨가되는 ta로 이루어진 말, 즉 '저쪽으로 간 자'라는 뜻입니다. 그래서 죽은 자, 즉 비참한 상태에 있는 사자死者 또는 서자逝者라고 합니다. 동북아시아에서는 보통 아귀 귀신 또는 굶주린 귀신이라고 합니다. 독자들께서는 아귀의 모습을 그린 탱화나 그림을 많이 보았기 때문에 그 모습을 대체로 목이 바늘처럼 가늘고 배가 불룩한 모습으로 상상할 것입니다. 그렇지만 아귀는 다양한 모습을 하고 있습니다. 심지어 눈이나 얼굴이 없는 아귀도 있습니다.

36종류의 아귀가 있습니다만, 그 중 몇 종류의 아귀를 구체적으로 살펴보겠습니다.

• *확신아귀*護身餓鬼 에서 확신이란 '삶을 확'(護), '몸 신'(身) 자이므로 죄인의 몸(身)을 가마솥에 삶는다(護)는 의미입니다. 즉 죄인을 가마솥에 넣어 삶는 고통을 주는 것입니다. 확신아귀는 신장이 인간의 2배이고, 눈과 입이 없으며, 손발은 가마솥의 다리 모양을 하고 있다고 합니다. 전생에서 무슨 죄를 범하여 확신아귀가 되었을까요? 확신아귀가 된 자는 전생에서 재물에 집착하여 살아 있는 생명을 도살한 자들입니다.

• *식토아귀*食吐餓鬼 에서 식토는 '먹을 식'(食), '토할 토'(吐)의 의미이기 때문에, 식토아귀란 남이 토한 음식을 먹는 아귀라는 뜻입니다. 게다가 식토아귀는 광야에서 살고 있으며, 이름 그대로 먹어도 반드시 토해 버립니다. 식토아귀는 신장이 4킬로미터로 매우 크다고 합니다. 왜 식토아귀가 되었을까요? 전생에 자신만 맛있는 음식을 먹고 처자식에게는 음식을 주지 않은 남편, 또는 남편이나 자식에게 음식을 주지 않은 아내가 죽어서 식토아귀가 됩니다.

• *식법아귀*食法餓鬼 에서 식법이란 '먹을 식'(食), '법 법'(法)으로, 법(설법, 가르침)을 먹는다는 의미입니다. 이런 아귀는 오로지 절에서 스님의 설법을 들어야만 합니다. 전생에 무슨 죄를 지었기에 설법만

들어야 할까요? 이런 아귀는 전생에 오로지 자신의 명예나 이익만을 위해 설법을 한 출가자였기 때문입니다. 그래서 식법아귀는 설법을 듣는 것이 그들의 음식입니다. 그렇지만 설법을 듣는 것만으로 허기를 충분히 채울 수 없기 때문에 늘 굶주림에 시달리는 아귀입니다.

또한 식법아귀는 돈밖에 모르는 정치가나 의사들이 된다고 합니다. 왜냐하면 그들은 부정하게 재물을 모았을 뿐만 아니라, 자신을 높이고 잘난 척하는 언행을 행한 사람들이기 때문입니다.

• *식수아귀/食水餓鬼* 란 물을 먹는 아귀라는 뜻입니다. 왜 이런 아귀가 되었을까요? 이런 아귀가 된 자는 전생에 술에 물을 타서 판매하였거나 부정한 상거래에 관여하였거나 혹은 지렁이나 곤충 등의 작은 생물을 물에 던져 살해하였던 자들입니다. 이런 아귀는 굶주림과 갈증에 시달리기 때문에 한 방울의 물이라도 마시고 싶어 찾아 헤맵니다. 그런데 물이 있는 곳에 겨우 도착하여 물을 마시려고 하면 그곳을 지키는 귀신에게 호되게 맞아 물을 마실 수 없는 고통을 당합니다. 이 아귀가 마실 수 있는 물은 기껏해야 강을 건넌 사람의 발에서 떨어진 물이나 아귀의 부친 묘소에 참배하러 온 누군가가 베푼 떨어진 물방울 정도입니다.

• *희망아귀/悕望餓鬼* 라고 하니, 독자들께서는 '이런 좋은 이름을 가진 아귀도 있구나'라고 생각할 수도 있습니다만, '바랄 희'(悕)가 아니

고 '슬퍼할 희'(悕)입니다. 희망아귀는 어떤 고통을 당할까요? 희망아귀는 오로지 불단에 올린 음식만을 먹을 수 있다고 합니다. 왜 그럴까요? 이런 아귀는 전생에 높은 금리로 돈을 빌려주었거나 타인을 속여 돈이나 재산을 축척한 자들이기 때문입니다. 그리고 부당한 상거래로 돈을 번 자는 망망대해의 풀 한 포기, 물 한 방울도 나지 않는 불모의 땅에 사는 아귀가 된다고 합니다. 그래서 마실 수 있는 것도 아침 이슬뿐입니다.

이 이외에도 다양한 아귀가 존재합니다. 어떤 아귀는 나무뿌리에 갇혀 음식도 먹지 못한다고 합니다. 이런 아귀는 전생에 함부로 나무를 잘랐다든지 여름에 서늘하게 그늘을 만들어 준 나무를 없애 불모의 땅으로 만든 자들입니다. 또한 어떤 아귀는 무덤에서 불에 탄 시체를 발견하여 그것을 걸신들린 듯이 먹는다고 합니다. 어떤 아귀는 산처럼 성대하게 차려 놓은 음식을 눈앞에 두고 그것을 먹을 수 없기 때문에 자신의 머리를 쪼개 뇌를 적출해서 먹는다고 합니다. 또는 밤낮으로 5명의 자식을 낳아 그 자식들을 먹어야 하는 처절한 아귀도 있습니다. 생명을 유지하기 위해서는 반드시 먹어야 하는데, 음식을 먹지 못한다면 얼마나 고통스러울까요? 게다가 자기가 낳은 자식을 먹는 고통은 어떨까요? 독자들께서는 상상이 되는지요? 앞에서 언급한 아귀를 포함해서 『정법염처경』에서는 아귀를 36종류

로 구분하고 있습니다. 자세한 것은 미주를 참조하시기 바랍니다.[23]

그런데 중현의 저작인 『순정리론順正理論』에서는 아귀를 크게 세 종류로 나눕니다. "아귀에는 재물이 없고(無財), 적고(少財), 많음(多財)에 따라 세 종류가 있다"라고 했습니다.

• *첫째, 재물이 없는 아귀, 즉 무재아귀無財餓鬼* 입니다. 재물이 전혀 없는 무재아귀는 전혀 먹을 수 없는 아귀입니다. 재물이 없는 아귀도 다시 세 종류로 나누는데, 불타는 입(炬口), 바늘 입(針口), 냄새나는 입(臭口)입니다.

‥ **거구아귀**炬口餓鬼는 '횃불 거'(炬)와 '입 구'(口)로 이루어져 있으므로, 입에서 항상 불을 토하는 아귀입니다. 그러므로 음식물을 발견하여 먹으려고 하면 자신의 입에서 불이 나와 음식을 전부 태워 버리기 때문에 아무것도 먹을 수가 없게 됩니다. 이처럼 거구아귀는 식욕은 왕성하지만 늘 굶주림에 시달립니다. 그러면서 계속해서 살아가야 하는 운명입니다. 이것은 전생에 지극히 인색한 자의 과보입니다.

‥ **침구아귀**針口餓鬼는 '바늘 침'(針)과 '입 구'(口)로 이루어져 있으므로, 배는 산만큼 크지만 입이 바늘구멍만하기 때문에 늘 굶주리는 아귀입니다. 왜 침구아귀가 되었을까요? 탐욕과 인색한 마음 때문에 보시도 하지 않고, 곤란한 사람에게 옷과 먹을거리를 베

풀지도 않으며, 불교의 가르침도 믿지 않는 자가 침구아귀가 됩니다. 침구아귀는 우리들이 탱화에서 자주 접하는 아귀입니다.

·· 취구아귀臭口餓鬼는 '냄새 취'(臭)와 '입 구'(口)로 이루어져 있으므로, 항상 입에서 악취가 나 음식을 보더라도 먹을 수가 없는 아귀입니다.

• 둘째, 재물이 적은 소재아귀少財餓鬼 입니다. 소재아귀는 이름 그대로 음식을 조금 먹을 수 있는 아귀입니다. 소재아귀도 침으로 된 털의 아귀(針毛餓鬼), 냄새나는 털의 아귀(臭毛餓鬼), 목에 혹이 난 아귀(癭餓鬼)의 세 종류로 나눕니다.

·· 침모아귀針毛餓鬼는 날카로운 침으로 말미암아 자신과 남을 찔러 항상 광란한다고 합니다.

·· 취모아귀臭毛餓鬼는 지독한 냄새로 몸을 후려치고 털을 쥐어뜯어 피부가 상하고 찢어지는 극심한 고통에 시달린다고 합니다.

·· 영아귀癭餓鬼는 악업력에 의해 목에 혹이 나 있어 고통에 시달린다고 합니다.

그래서 이 세 아귀는 인간이 토한 것, 고름, 오줌, 콧물 등의 더러운 음식만 먹을 수 있다고 합니다. 이런 아귀는 전생에 자신은 맛있는 것을 먹으면서도 자신의 아이에게는 조잡한 음식을 준 자입니다.

• 셋째, 재물이 많은 다재아귀多財餓鬼 입니다. 다재아귀는 항상 제

사 지내는 곳에 가서 제물을 먹는 희사아귀希祀餓鬼, 남이 버리거나 토한 것을 먹는 희기아귀希棄餓鬼, 많이 먹을 수 있는 대세아귀大勢餓鬼의 세 종류로 나눕니다. 다재아귀는 인간계에 살기도 하고 천계에도 갈 수 있기 때문에 어느 정도 나은 생활을 할 수 있습니다. 그렇지만 마음대로 먹을 수 없기 때문에 만족할 수 없는 욕구불만의 생활을 계속해야 합니다.

독자들께서도 짐작했을 것으로 생각합니다만, 아귀는 신장이 거대합니다. 그렇지만 음식을 제대로 먹을 수 없는 공통점을 가졌습니다. 이처럼 아귀도는 주로 음식과 관련이 있습니다. 그러므로 현생에서 음식을 가지고 장난친 사람들은 아귀도에 떨어져 먹을 수 없는 고통을 당할 것입니다. 아귀도에 관한 부분을 읽고 가슴이 뜨끔한 독자들도 있을 것입니다.

5. 불성을 가진 존재가 거주하는 축생도

다음은 축생도입니다. 우리는 인간 같지 않은 사람을 짐승(축생)이나 짐승보다 못한 놈이라고 합니다. 일반적으로 축생이란 인간 이외의 생물을 의미하는 불교용어로서 범어로 '티르얀차'(tiryañc)라고 합니다. 티르얀차를 방생傍生(신체를 지면에 평행하여 나아가는 것), 횡생橫生(옆으로 움직이는 것) 등으로 번역하기도 합니다. 한역의 축생이란 인간에게 키워져 혹사당하는 동물이라는 뜻입니다. 또는 '무지하고 우둔한 자'라는 의미이기도 합니다.

축생이라고 하면 보통 소나 말 등의 포유동물을 떠올립니다만, 보통 인간 이외의 모든 생물을 가리킵니다. 그러나 불전에는 34억 종류의 축생이 있다고 합니다. 크게 구별하면, 이족류二足類, 사족류四足類, 유익류有翼類로 나눌 수 있습니다. 이족류는 다리가 둘인 인간입니다. 사족류는 다리가 네 개 달린 짐승입니다. 유익류는 날개가 있는 조류입니다. 그리고 곤충류의 충류蟲類도 있습니다만, 충류에는 용과 같은 상상의 생물도 포함됩니다.

불교도는 법회 때 반드시 삼귀의를 봉독합니다. 삼귀의를 할 때 부처님을 이족류 중에서 가장 존경한다는 의미로 '귀의불歸依佛 양족존兩足尊'이라고 합니다. 그러므로 인도에서는 인간을 다른 생명과 비교하여 특별한 존재로 생각하지 않았다고 할 것입니다. 그래서 불교에서는 인간이든 짐승이든 벌레든 모든 살아 있는 생명은 불성이 있다고 합니다. 즉 일체중생실유불성一切衆生悉有佛性이라고 했던 것입니다.

그렇지만 인간세계에 태어난 축생의 삶은 괴롭습니다. 물에 사는 물고기는 어부에게, 새나 짐승은 사냥꾼에게 잡혀 살해당하고, 가축은 인간에게 도살당합니다. 게다가 축생은 서로가 서로를 살해하는 약육강식에 살고 있기 때문에 하루도 편하게 지낼 수 없습니다.

『구사론』에서는 "방생(축생)이 머무는 곳은 물과 육지와 공중이다. 본래 거주하는 곳은 대해大海였지만, 후에 다른 곳으로 흘러들게 되었다"라고 하였으므로, 축생의 출생지는 바다입니다. 이것은 찰스 다윈이 주장한 진화론과도 일치하는 주장입니다. 그리고 이것을 공행空行(하늘을 날거나 이동하는 것 또는 하늘에 거주하는 자), 육행陸行(땅에 거주하는 자), 수행水行(물에 거주하는 자)이라고도 합니다.

불교에서는 생명의 탄생을 인간이나 짐승처럼 모태에서 태어나는 태생胎生, 새나 물고기와 같이 알에서 태어나는 난생卵生, 벌레처럼 습기에서 태어나는 습생濕生, 어미 없이 태어나는 화생化生의 네 가지로 나누기도 합니다. 습생이란 알에서 태어나는 것이 아니라 습기가 있는 곳에서 자연적으로 발생하는 존재입니다. 화생이란 천계나 지옥에 태어날 때 전이적으로 태어나는 방식이라고 할 수 있습니다. 다시 설명하자면 부모 등을 통하지 않고 자신의 업에 의해 태어나는 것입니다. 지옥의 옥졸은 화생의 대표적인 존재라고 할 수 있습니다. 이처럼 우리들은 네 가지의 태어나는 방식 중 하나로 태어나 윤회전생을 반복하는 것입니다.

부처님의 전생 기록인 『자타카』(本生譚)에는 부처님이 여러 축생(짐승)으로 태어나 보시를 행하는 모습이 다양하게 그려져 있습니다. 그 중에 황금색 사슴 이야기와 원숭이 왕 이야기를 소개하겠습니다. 먼저 황금색 사슴 이야기입니다.

옛날 베나레스(바라나시)에 부친의 유산을 탕진하고 게다가 엄청난 빚을 진 사나이가 갠지스 강에 몸을 던졌다. 사나이는 급류에 휘말려 떠내려가면서 구해달라고 외쳤다. 그 소리를 한 마리의 황금색 사슴이 들었다. 무리를 떠나 조용히 자고 있던 사슴은 한밤중임에도 불구하고 일어나 그 사나이를 구하기 위해 강물에 뛰어들었다. 사나이를 구한 사슴은 과일을 먹여 건강을 되찾게 하였다. 사나이가 건강을 되찾자, 사슴은 그에게 자신이 이곳에 사는 것을 절대로 남에게 발설하지 않겠다는 다짐을 받고 베나레스로 되돌려 보내 주었다.

그런데 그 사나이가 베나레스에 도착하는 날, 베나레스의 왕비가 황금색 사슴이 설법하는 꿈을 꾸었다. 왕비는 국왕에게 부탁하여 황금색 사슴을 잡아 줄 것을 간청하였다. 국왕은 왕비의 간청을 받아들여 신하들에게 황금색 사슴이 있는 장소를 알려주는 자에게 많은 보물을 하사하겠다는 방을 부치게 하였다. 이것을 본 사나이는 돈에 눈이 멀어 사슴과의 약속을 저버리고 신하에게 사슴이 있는 곳을 알려 주었다. 왕의 군대가 사슴이 있는 곳으로 가서 포위하였다. 도망갈 수 없다는 것을 안 사슴은 왕 앞으로 나와 "누가 내가 있는 곳을 알려 주었습니까?"라고 물었다. 왕이 사실대로 이야기하자 사슴은 자기를 배반한 그 사나이를 책망하였다. 그러자 왕은 은혜도 모르는 부도덕한 자를 화살로 쏘아 죽이라고 명령하였다. 사슴은 자기 때문에 사나이를 죽게 해서는 안 된다고 생각하여, "현자는 살생하는 것을 좋아하지 않습니다. 왕이여, 약속을 지켜 주십시오. 약속대로 보상금을 주십시오. 저를 왕의 뜻대로 하소서"라고 하였다.

왕은 사슴의 언행에 감동하여 신하에게 사슴을 그대로 놓아주도록 명령하였다. 그러나 사슴은 인간의 말을 신용하지 않았다. 그러자 왕은 "왕국을 잃더라도 나는 반드시 그대와 한 약속을 지키겠다"라고 맹세하였다. 사슴은 자신을 포함하여 일체의 살아 있는 생물을 죽이지 않겠다고 맹세할 것을 요구하였다. 그리하여 사슴은 왕, 왕비, 신하들에게 아름다운 목소리로 설법을 하고 숲으로 돌아갔다.

그리고 왕은 온 백성에게 이 사실을 방으로 알렸다. 그래서 그 누구도 새나 짐승을 잡을 수가 없었다. 그런데 사슴의 무리가 곡물을 먹어 버리거나 망쳐 놓자 사람들이 국왕을 비난하기 시작하였다. 백성들이 왕궁으로 몰려가서 강력하게 왕에게 항의하였다. 그래도 왕은 사슴과의 약속을 철회하지 않았다. 이것을 안 사슴은 긴급하게 사슴의 무리를 소집하여 인간이 만든 곡식을 절대 먹지 말라고 강하게 금지시켰고, 인간에게는 논밭에 나무의 잎을 연결하여 경작지라는 표시를 하도록 하였다. 그 이후에 사슴들은 곡물을 먹지 않았다.[24]

다음은 원숭이 왕 이야기입니다.

옛날 어느 산에 500마리의 원숭이를 거느리고 행복하게 살던 원숭이 왕이 있었다. 그러던 어느 때에 가뭄으로 인하여 과일 열매가 얼마 열리지 않아 원숭이들이 굶주림에 시달리게 되었다. 할 수 없이 원숭이 왕은 계곡 건너편에 있는 국왕의 과수원으로 모두를 데리고 갔다. 그곳에는 많은 과일이 있었기에 원숭이들은 배불리 먹었다. 그 사실을 보고 받은 국왕은 원숭이 한 마리도 도망가지 못하게 포위하라고 명령하였다. 이 사실을 알아차린 원숭이 왕은 '굶주림으로부터 해방시키기 위한 것이 도리어 목숨을 위험하게 하였구나!'라고 후회하였다. 원숭이 왕은 원숭이들이 차례차례로 도망갈 수 있게 서둘러 등나무의 덩굴을 구해오도록 명령하였다. 원숭이들은 경쟁하듯이 서둘러 덩굴을 이었고, 그 끝을 커다란 나뭇가지에 단단히 연결하였다. 그리고 난 후 원숭이 왕은 반대편의 끝을 자신의 허리에 묶어 나무에 올라가 계곡 건너편의 커다란 나뭇가지를 향해 뛰었다. 멋지게 날아 나뭇가지를 붙잡아 위로 올라가려고 하는 순간 덩굴 줄이 짧아, 원숭이 왕은 양손으로 가지를 잡은 채 다리와 같은 형태를 취하게 되었다. 원숭이 왕은 이 광경을 숨죽이고 보고 있는 원숭이들에게 빨리 건너도록 명령하였다. 그러자 원숭이들은 지금까지 자신들을 언제나 따뜻하게 지켜 주었던 왕의 등과 머리를 밟고 계곡 건너편으로 건너갔다. 500마리의 원숭이들을 모두 건너가게 한 뒤 힘이 다한 원숭이 왕은 국왕의 과수원으로 떨어져 정신을 잃었다. 정신을 차려 보니 아침이었고 국왕이 자신의 눈앞에 서 있었다.

원숭이 왕은 땅에 머리를 조아리고 자기의 잘못을 빌었다. "가뭄으로 인하여 먹을 과일이 전혀 없었습니다. 그래서 국왕의 과수원의 과일을 먹게 되었습니다 책임은 모두 저에게 있습니다. 제발 다른 원숭이들은 용서하여 주십시오. 그리고 저를 아침 요리로 드십시오." 이 말을 들은 국왕은 감동하여 눈물을 흘리면서 "원숭이에게 먹고 싶은 만큼 음식을 주어라. 이것을 어기는 자는 중벌로 다스리겠다"라는 방을 전국에 내리게 하였다.…… 25)

이 『자타카』에 등장하는 황금색 사슴과 원숭이 왕은 부처님이고, 국왕은 아난, 사슴들과 500마리 원숭이는 비구들입니다.

앞의 두 전생 이야기는 부처님의 전생인 사슴과 원숭이의 희생적인 사신捨身 이야기입니다. 사슴은 자기를 배반한 인간을 따뜻하게 감싸고, 인간을 위해 자기의 생명을 사신하려고 합니다. 이에 감동하여 인간의 왕이 사슴을 구해 줍니다. 또한 부처님의 전생인 원숭이 왕의 이야기에서도 자기의 생명을 아낌없이 내던지는 행위에 감동하여 인간의 왕이 원숭이 왕을 살려 줍니다. 이 이야기는 자발심, 한없는 자비심, 조건 없는 사신 등이 공통적으로 전제되고 있습니다만, 축생도 인간처럼 깨달음을 얻을 수 있다는 메시지도 함께 전하는 것이 아닐까요.

6. 싸울 수밖에 없는 운명인 아수라

지옥, 아귀, 축생 다음으로 고통이 심한 곳은 아수라의 세계(수라도)입니다. 아수라도는 인간계와 축생계 사이에 있습니다.[26] 그렇지만 아수라는 본래 천계의 존재였습니다. 천계에 대해서는 나중에 자세하게 기술하겠습니다. 먼저 수라도修羅道 또는 아수라도阿修羅道에 대해 기술하겠습니다. 흔히 우리는 어떤 일이 난장판이 되었을 때 "완전히 아수라장이네"라는 표현을 합니다만, 원래는 인도의 신인 아수라(asura, aśura)를 음사한 것입니다. 아수라란 '생명을 부여하는 자'라는 의미로 원래 선신善神의 이미지가 강했습니다. 그렇지만 점차로 비천非天(a-sura)[27]이 되고, 결국 불교에서는 악신惡神으로 묘사됩니다. 아수라의 외모는 다양하게 묘사되는데, 천 개의 눈, 아홉 개의 머리, 구백구십 개의 손, 여덟 개의 다리를 가진 존재로 표현되기도 합니다.

우리는 아수라하면 전쟁이나 싸움을 먼저 떠올립니다만 원래 아수라는 도리천에 사는 천신이었습니다. 아수라는 천신에 필적하는 강력한 힘을 가졌습니다만, 그 힘을 나쁜 쪽으로 사용했기 때문에 악신이 된 것입니다. 아수라가 악신이 된 연유를 인도 힌두교의 성전인 『리그베다』에서는 다음과 같이 기록하고 있습니다.

아수라에게는 아름다운 딸이 있었습니다. 아수라는 딸을 신들의 왕인 제석천(인드라 신)에게 시집보내고 싶어했습니다. 그런데 어느 날 우연히 아수라의 딸을 본 제석천은 그녀를 강제로 자기가 사는 도리천으로 데리고 갔습니다. 이에 격분한 아수라는 제석천과 싸우기 시작했습니다. 그렇지만 아수라는 신들의 제왕인 제석천에게 이길 수가 없었고, 싸울 때마다 패했습니다. 그러던 어느 날 천신만고 끝에 아수라가 승리를 눈앞에 두고 제석천의 군대를 추격하게 되었습니다. 그런데 제석천은 퇴각하다가 전차 앞에 조그만 어미 새가 새끼를 품고 있는 모습을 보고, 곧장 나아가면 새들이 다치게 되리라고 생각하여 전차를 멈춥니다. 뒤에서 추격해 오던 아수라는 갑자기 멈춘 제석천을 보고 필시 무슨 흉계가 있으리라고 생각하여 추격을 멈추고 회군합니다.

이로써 아수라는 제석천을 제압할 기회를 놓치게 되고, 이후로 여전히 이기지 못할 전쟁이 계속됩니다. 아수라는 싸울 수밖에 없는 운명으로 전락한 것입니다. 여기서 급박한 상황 속에서도 조그만 생명을 살리고자 한 제석천의 처사는 선신의 이미지로 굳히게 되고, 아수라는 악신의 이미지로 남게 됩니다.

이처럼 아수라는 악신이기는 하지만, '신神'으로 규정하고 있습니다. 그렇지만 불전에서는 아수라를 축생과 아귀의 세계에 포함시키는 경우도 있습니다. 그래서 육도 중에서 아수라를 제외시켜 오도五道 또는 오취五趣라고 하는데, 이 오취설은 부파불교 중에서 설일체유부說一切有部의 주장입니다. 이런 이유 때문인지 불전에는 전생에 어떤 죄를 지어야 아수라도에 떨어지는가에 대한 구체적인 언급이 없습니다.

7. 인간으로 태어나기가 이렇게 어려울 줄이야, 인간계(人道)

　　인간계란 우리가 살고 있는 사바세계를 말합니다. 앞에서 인도의 우주관을 설명할 때 철위산 안쪽에 네 개의 섬이 있다고 했습니다. 즉 남쪽에 역삼각형 모양의 섬부주, 동쪽으로는 반달 형태의 승신주勝身洲(videha-dvīpa), 서쪽에는 보름달 모양인 우화주牛貨洲(godānīya-dvīpa), 북으로는 주사위 모양의 구로주俱盧洲(kuru-dvīpa)가 있습니다.

　　승신주란 이곳에 사는 자들이 신체(身)가 뛰어나기(勝) 때문에 붙여진 이름입니다. 동쪽에 있기 때문에 동승신주라고도 하며, 범어 '비데하'(videha)를 음사하여 비제하주毘提訶洲라고도 합니다.28) 승신주의 모양은 반달과 비슷하며, 동쪽을 제외한 세 변은 2천 유순으로 길이가 같고, 동쪽은 길이가 350유순입니다.

　　우화주란 이곳에 사는 주민이 소(牛) 장사(貨)를 하기 때문에 붙여진 이름입니다. 서쪽에 위치하기 때문에 서우화주라고도 하며, 범어 고다니야(godānīya)를 음사하여 구다니주瞿陀尼洲 또는 구다니주俱陀尼洲라고도 합니다. 우화주의 모양은 보름달과 비슷하며 두께는 2천5백 유순, 둘레는 7천5백 유순이라고 합니다.

다음은 구로주입니다. 구로란 '구루'(kuru)의 음사이며, 승처勝處라고 번역하기도 합니다. 이곳의 토지가 가장 뛰어나기 때문에 붙여진 이름입니다. 구로주의 모양은 주사위와 비슷하게 4각형이며, 네 변의 길이가 각각 2천 유순이므로 둘레는 8천 유순입니다. 이곳에 사는 사람은 신장이 크고, 수명도 길며, 즐거움이 많고 괴로움은 적습니다. 그리고 소유 관념이 전혀 없다고 합니다. 또한 '구루'(kuru)를 구로拘廬로 음사하여 구로주拘廬洲라고도 하며, 북쪽에 위치하기 때문에 북구로주라고도 합니다.

그 중에 우리와 같은 인간이 사는 곳은 섬부주(구역에서는 閻浮提)입니다. 섬부주란 범어 '잠부드비파'(Jambū-dvīpa)의 음사입니다. 잠부란 나무 이름, 드비파란 섬(한자로는 洲의 의미)입니다. 그러므로 '잠부나무(Jambū)가 무성한 섬(dvīpa)'이라는 뜻입니다. 섬부주는 역삼각형의 모양으로 북쪽(위쪽)은 넓고 남쪽(아래쪽)은 좁습니다. 아래쪽(남쪽)의 길이는 350유순이며, 남쪽을 제외한 세 변은 길이가 2천 유순으로 같습니다. 섬부주의 형태를 자세하게 살펴보면 지금의 인도를 형상화한 것으로 추측됩니다. 섬부주 중앙에서 위쪽으로 가면 먼저 아홉 개의 흑산黑山이 있습니다. 그리고 북쪽에는 설산雪山(히말라야)[29]이 있으며, 설산 위쪽에는 무열뇌지無熱惱池(anavatapta, 더위와 괴로움이 없는 연못)가 있는데, 지금의 카일라사로 추측합니다. 그리고 무열뇌지를 발원지

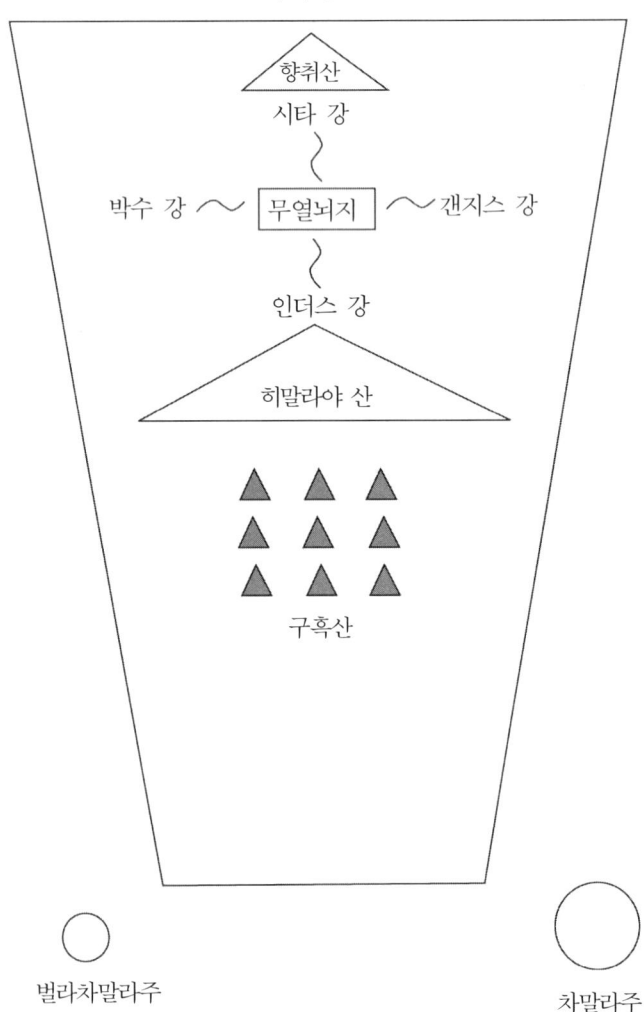

로 하여 네 개의 강이 흐르고 있는데, 동쪽은 긍가(강가, 갠지스) 강, 남쪽은 신도(인더스) 강, 북쪽은 사다(시타) 강, 서쪽은 박추(박수) 강이 각각 흐르고 있습니다. 이 연못가에는 잠부 숲이 있는데, 나무의 형태는 높고 크며, 열매는 달고 맛있다고 합니다. 섬부주의 명칭은 이 숲에서 유래한 것입니다.

그리고 무열뇌지 북쪽에는 향취산(香醉山)30)이 위치하고 있습니다. 향취산이란 향(香)에 취(醉)한 산(山)이라는 의미입니다. 향의 범어는 간다(gandha)인데, 간다에서 발생한 말로 간다르바(gandharva)가 있습니다. 간다르바를 음사하여 건달바라고 하는데, '향(gandha)을 먹고 사는 자'라는 뜻입니다. 또한 음악신을 간다르바라고 합니다. 그래서 향취산은 항상 음악이 연주되고 있기 때문에, 즐거움이 있는 세계라고 할 것입니다. 그리고 섬부주에는 부속 섬이 있는데, 가장 남쪽 끝의 동쪽에 차말라주(cāmara), 서쪽에 벌라차말라주(avara-cāmara)라는 두 개의 섬이 있습니다. 차말라주는 지금의 스리랑카로 추측되며, 벌라차말라주는 몰디브 제도 근처일 것으로 추측됩니다.

지금까지 천계를 제외한 육도세계를 설명했습니다만, 이 육도세계 중에서 가장 좋은 것은 인간세계입니다. 왜냐하면 인간은 수직으로 허리를 세워 앉아 수행할 수 있는 육체와 마음을 가진 존재이기 때문입니다. 물론 몸을 가졌기 때문에 많은 고통이나 절망을 경험할 수밖에 없습니다. 그렇지만 육체와 마음을 가진 인간으로 태어나야만 깨달음을 얻을 수 있습니다. 그런데 인간으로 태어나기는 쉽지 않습니다. 게다가 인간으로 태어나 깨달음을 얻기는 더욱 어렵습니다. 경전에는 인간으로 태어나기가 얼마나 힘든가를 '맹귀우목盲龜遇木'이라는 비유로 설명하고 있습니다. 즉 망망대해에 구멍이 뚫린 널빤지가 떠다니는데, 100년에 한 번씩 물 위로 머리를 내미는 눈먼 거북이가 우연히 그 널빤지 구멍으로 머리를 내밀게 되는 확률만큼, 인간으로 태어나기 어렵다고 합니다. 인간으로 태어나기가 참 어렵지요. 그러므로 우리는 인간으로 태어난 이상 '수선단악修善斷惡'(선을 닦고 악을 끊다)을 실천하며 사는 것이 중요합니다.

그렇다면 선은 무엇이고, 악(不善)은 무엇인가요? 그리고 인간의 행위를 선악의 이분법으로만 구분할 수 있을까요? 불교에서는 인간의 행위에 선과 악(불선)뿐만 아니라 선도 악도 아닌 무기無記도 있다고 합니다. 그렇다면 무기란 도대체 어떤 의미일까요? 먼저 선을 유식에서는 어떻게 정의하고 있는지 설명하겠습니다. 선이란 '이 세상과 저 세상에서 이익을 주는 마음이나 행위'를 말합니다. 반대로 불선이란 '이 세상이나 저 세상에서 손해를 초래하는 마음이나 행위'를 말합니다. 무기는 '이 세상이나 저 세상에서 이익도 손해도 가져다주지 않는 마음이나 행위'입니다. 그래서 호법은 『성유식론』에서 무기를 "선과 불선의 이롭고 해로운 뜻 중에서 기별記別, 즉 선인지 악인지 별도(別)로 나타낼 수 없기(無記) 때문에 무기라고 이름한다"라고 하였습니다. 그런데 우리들이 일상생활에서 유념해야 할 것이 있습니다. 바로 현재 자기가 아무리 행복(즐거움)하거나 불행(괴로움)하더라도 이 행복과 불행은 지금 세상(현세)에만 영향을 미치지만, 선·불선(악)·무기는 현실세계뿐만 아니라 미래세에도 영향을 미친다는 사실입니다. 다시 말해 재산이 많아 현세에서 행복하더라도 또는 재산이 없어 불행하더라도 그 행복이나 불행은 미래세까지 가지 않는다는 것입니다. 반면에 착한 일을 하거나 혹은 나쁜 짓을 하면 그것은 현재세뿐만 아니라 미래세에도 영향을 미친다는 것입니다. 당연한 말일지도 모르겠지만, 그렇기 때문에 우리는 자신의 삶을 열심히 살면서 선한 일은 많이 하고 악한 짓은 하지 말아야 하는 것입니다.

그런데 사실 육도 중에서 현실적으로 존재하는 세계는 인간세계와 축생세계뿐입니다. 지옥, 아귀, 아수라, 천계의 존재에 대해 경전의 내용을 인용하여 필자가 마치 본 것처럼 기술했을 뿐입니다만, 현대인이 과연 육도윤회의 세계를 믿을지 의문이 들기도 합니다. 오히려 육도윤회를 믿지 않는 사람이 많을 것입니다. 어떤 조사에 의하면 불교신자 중에 윤회를 믿는 사람은 35퍼센트에 불과하다고 합니다. 이것은 아마 어떤 인간도 자신의 전생과 사후세계를 기억하지 못하기 때문일 것입니다. 물론 현대 과학의 시각으로 보면 비합리적인 부분도 있기는 합니다. 그러나 눈에 보이는 세계만이 전부는 아닙니다. 또 종교라는 미명 아래 눈에 보이지 않는 세계를 상업적으로 이용하는 사람들 때문에 문제가 발생하기도 하지만, 윤회세계를 완전히 부정할 수는 없습니다.

8. 신들이 거주하는 세계인 천계

1) 욕망이 존재하는 세계인 욕계

(1) 천계의 신도 성욕은 있다

앞에서 불교는 세계를 육도로 나누어 설명한다고 했습니다. 그런데 불교에서는 세계를 또 다르게 구분합니다. 즉 욕계·색계·무색계의 삼계로 나누어 설명합니다. 삼계 중에서 먼저 욕계에 대해 말씀드리겠습니다.

욕계欲界(kāma-dhātu)란 식욕·성욕·수면욕 등의 본능적인 욕구(욕망)[31]가 있는 자가 사는 세계입니다. 앞에서 설명한 지옥·아귀·축생·아수라·인간의 다섯 세계는 욕망이 존재하는 곳입니다. 뿐만 아니라 앞으로 설명할 천계도 욕망이 존재하며, 심지어 천계에 사는 천인도 성욕을 가진 존재입니다. 그렇다면 천계에 사는 천인은 어떻게 성욕을 충족할까요? 우리처럼 육체적인 접촉을 통해 성욕을 충족할까요? 천계에 대해서는 나중에 설명하겠습니다만, 욕계의 육욕천六欲天 중 사대왕중천과 도리천의 천인은 인간과 다름없이 신체의 교합으로 성욕을 충족합니다. 반면 야마천에서는 잠시 동안 포옹하는 것으로 성욕을 충족합니다. 도솔천의 천인은 서로 손을 잡는 것으로 성욕을 충족하며, 낙변화천에서는 서로 쳐다보고 웃는 것으로 성욕을 충족한다고 합니다. 마지막으로 타화자재천에서는 서로 보는 것으로 성욕을 충족한다고 합니다. 정리하자면 지옥에서 타화자재천까지는 욕망이 남아 있는 욕계이지요.

한편 인간계에서는 자식을 얻으려면 남자가 정액을 배출하여 여자의 난자와 결합해야 합니다. 그런데 천계의 천인은 정액이 없습니다. 심지어 천인은 피·눈물·땀·배설물 등도 없다고 합니다. 그렇다면 정액이 없는데, 어떻게 자식이 태어날까요? 천인이 황홀감을 느끼면 바람이 불게 되고 그 바람에서 천인의 자식이 태어난다고 합니다. 『구사론』에서는 "그곳의 동남동녀는 그러한 온갖 천들의 남녀 무릎 위에서 홀연히 화생하는데, 그들을 일러 온갖 천에서 태어난 남녀라고 한다. 갓 태어난 천중들의 신체 크기는 어느 정도인가?…… 육욕천에서 갓 태어난 천중의 신체는 그 순서대로 다섯 살, 여섯 살, 일곱 살, 여덟 살, 아홉 살, 열 살 정도의 섬부주의 인간과 같으며, 태어난 후에 빠르게 원만함을 성취한다"라고 했습니다. 즉 천계의 아이는 사바세계에서 태어나는 아이의 모습과는 다릅니다. 사대왕중천에서는 다섯 살, 도리천에서는 여섯 살, 야마천에서는 일곱 살, 도솔천에서는 여덟 살, 낙변화천에서는 아홉 살, 타화자재천에서는 열 살로 태어난다는 것입니다. 이처럼 천인의 아이는 태어날 때부터 다섯 살 이상으로 태어나기 때문에 천인의 무릎 위에서 홀연히 화생하며, 무릎 위에 앉을 수 있습니다. 이처럼 천계의 탄생 방식은 사바세계와는 다릅니다.

(2) 천계는 수미산이다

이제 육도세계의 마지막인 천계天界(deva-loka)에 대해 기술하고자 합니다. 천계의 명칭이나 존재 방식에 대해서는 나중에 자세히 설명하겠습니다만, 천계란 사대왕중천에서 무색계의 유정천(비상비비상천)까지를 말합니다. 즉 천계는 욕계의 육욕천六欲天(ṣaḍ-kāmāvacara-deva), 색계의 십칠천十七天, 무색계의 네 가지 천을 합친 27개의 천이 있습니다.

그렇다면 천계는 어디에 있을까요? 불교의 우주관에 따르면 우리가 사는 세계의 중심에 수미산이 있다고 합니다. 즉 수미산 자체가 천계입니다. 그렇지만 이 천계를 다시 구분합니다. 수미산의 중턱부터 정상까지를 '대지에 있는 천'이라고 하여, 지거천地居天(bhūmi-nivāsin)이라고 합니다. 지거천은 비록 천계이지만 최하층에 위치하기 때문에 하천下天이라고도 합니다. 지거천에 속하는 천天은 사대왕중천과 도리천입니다. 그리고 지거천보다 높은 곳에 공거천空居天(āntarikṣa-vāsin)이 있습니다. 완전히 공중에 있기 때문에 '공거천'(공중에 있는 천)이라고 하였습니다. 공거천은 욕계의 육욕천32) 중에서 야마천, 도솔천, 낙변화천, 타화자재천의 네 개의 천天과 색계의 모든 천天을 말합니다.

그렇다면 이곳에 사는 천인은 어떻게 살고 있을까요? 설마 독자들께서는 공중에 떠 있다고 하여 공중을 날면서 생활한다고 생각한 것은 아닌가요? 이곳에도 넓은 대지가 펼쳐져 있습니다. 천인은 넓은 대지에서 살고 있습니다. 그리고 공거천에는 야마천, 도솔천(도사다천), 낙변화천, 타화자재천의 순서로 높은 단계의 천상세계가 펼쳐져 보다 안락한 생활을 즐깁니다.

그렇다면 천계의 시간은 어떨까요? 먼저 수미산 정상의 도리천에서는 하루가 사바세계의 100년에 해당합니다. 공거천의 최하층인 야마천의 하루는 사바세계의 200년에 해당합니다. 그리고 이곳에 사는 천인의 수명은 900만 년입니다. 천계에 사는 이를 천인이라고 합니다. 그런데 독자들께서 유념해야 할 것이 있습니다. 천(deva)을 영어의 하늘(sky, heaven)처럼 공간으로 생각하시면 곤란합니다. 불교에서 천이란 '신神'을 뜻합니다. 그러나 신이라고 해서 기독교의 전지전능한 유일신과 같은 존재로 생각해서는 안 됩니다. 이 신들도 인간과 마찬가지로 육도세계를 윤회하는 존재입니다. 즉 중생인 것이지요.

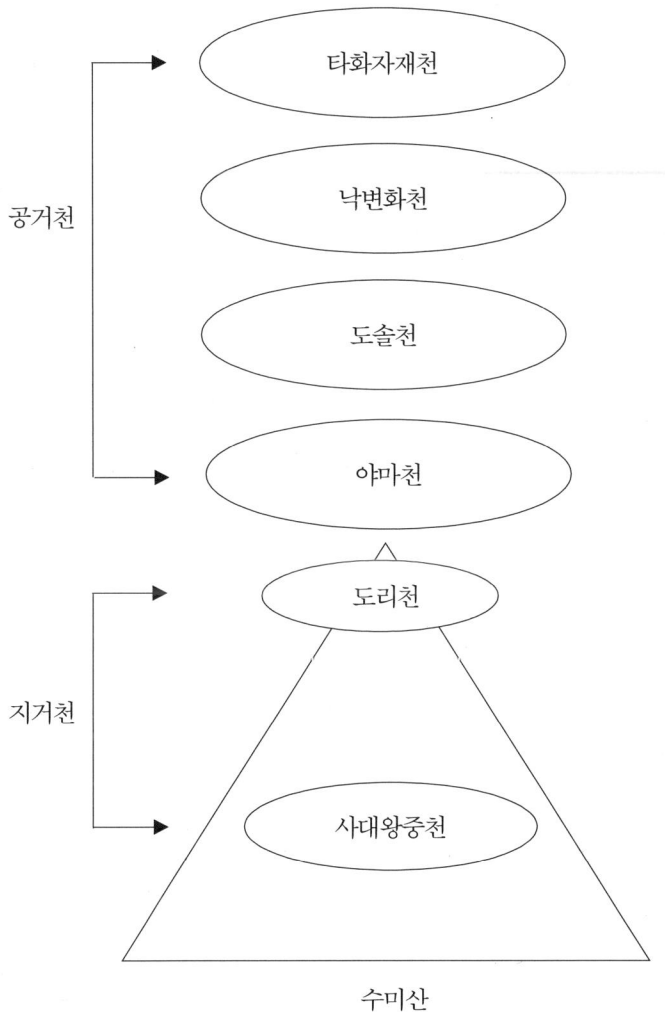

(3) 천계의 수호자 사천왕

수미산 중턱에는 사대천왕(사천왕)과 더불어 그의 권속들이 살고 있습니다. 첫 번째 층급에는 견수堅守(견고하게 지키는 신)라는 야차(藥叉)신33)이 살고 있으며, 두 번째 층급에는 지만持鬘(머리를 장식한 신)이라는 야차신, 세 번째 층급에는 항교恒恔(항상 유쾌한 신)34)라는 야차신이 살고 있다고 합니다. 네 번째 층급에는 사대천왕과 수많은 권속들이 머물고 있다고 합니다. 또한 수미산을 둘러싸고 있는 지쌍산, 지축산 등의 일곱 개의 산에도 천중天衆(신의 무리)이 살고 있다고 합니다. 그래서 사대천왕과 그 무리(衆)의 천天을 합쳐서 '사대왕중천四大王衆天' (cātur-mahā-rāha-kāyikā devāḥ) 또는 '사천왕중천'이라고 합니다. 사대왕중천은 욕계의 여섯 개의 천(육욕천) 중에서 첫 번째 천天입니다.

앞에서 언급했습니다만, 수미산 중턱에는 천중과 더불어 사대천왕(사천왕)이 함께 거주합니다. 사천왕은, 본래 인도에서도 수호신이었습니다만, 불교에서 수미산 중턱의 동남서북 사방을 지키는 수호신35)입니다. 사실 독자들께서는 전통 사찰의 일주문과 금당(본당) 사이에 위치한 천왕문 또는 사천왕문을 보았을 것입니다. 사천문은 바로 4명의 신, 사천왕을 모신 누각입니다. 그들은 각각 네 방향을 지키는데, 첫째는 동쪽을 지키는 지국천입니다. 지국이란 '지키다, 수호하다, 보존하다'라는 동사원형 $\sqrt{dhṛ}$와 과거수동형 '타'(ta)의 결합인 드리타(dhṛta)와 국토라는 의미인 라슈트라(rāṣtra)에서 온 말입니다. 그래서 '지속하는 국토(왕국)를 가지다'라는 의미로 지국持國, 호국護國으로 번역합니다. 둘째는 남쪽을 지키는 증장천입니다. 증장이란 '증장하다, 성장하다'라는 뜻인 동사원형 $\sqrt{vṛdh}$에서 파생한 비루다카(virūḍhaka)를 번역한 것입니다. 셋째는 서방을 지키는 광목천입니다. 광목이란 범어 비루파샤(virūpakṣa)의 번역입니다. 비루파샤는 virū(불구)+pakṣa(눈)로 이루어진 소유복합어 '불구의 눈을 가진 자'라는 뜻입니다. 그래서 악안惡眼, 추안醜顔, 악목惡目, 광목廣目으로 번역하기도 합니다. 넷째는 북쪽을 지키는 다문천多聞天 또는 비사문천입니다. 다문이란 범어 바이슈라바나(vaiśravaṇa)의 번역입니다. 바이슈라바나(vaiśravaṇa)는 비스라바나(viśravaṇa)에서 온 것으로 '나누다, 두루'라는 접두사 비(vi), '듣다'라는 동사원형 √śru, 행위자를 뜻하는 아나(ana)가 결합한 것으로 '두루 잘 듣는 자'라는 뜻입니다. 그래서 보문普聞, 다문多聞, 다문자多聞子 등으로 번역하기도 합니다. 이처럼 다문천은 불법이나 도량의 수호신인 동시에 언제나 설법을 듣기 때문에 이런 이름이 붙여졌습니다. 사천왕은 인도에서는 아주 귀하고 우아한 모습으로 묘사됩니다만, 동북아시아에서는 갑옷을 입은 무인의 형상이나 화난 얼굴로 묘사되며, 게다가 악귀나 악인을 발로 밟고 있는 모습이 대부분입니다. 그리고 그들은 피부 색깔도 각각 다릅니다. 지국천은 청색, 증장천은 적색, 광목천은 백색, 다문천은 흑색으로 표현합니다. 또한 사천왕은 각각 그들의 상징물을 손에 쥐고 있습니다. 이것을 지물持物, 즉 '손에 들고 있는 물건'이라고 합니다. 동쪽의 지국천은 비파, 남쪽의 증장천은 보검, 서쪽의 광목천은 용과 여의주, 북쪽의 다문천은 보탑과 삼지창을 가지고 있습니다. 그렇지만 사천왕의 지물은 사찰마다 다를 수가 있습니다. 다시 말해 그 사찰이 어느 경전에 근거하여 조성되었는가, 어느 시대에 만들어졌는

동방 지국천왕

남방 증장천왕

서방 광목천왕

북방 다문천왕

가, 어느 지역(나라)에서 만들어졌는가에 따라 지물은 조금씩 차이가 납니다. 독자들께서는 혼동 없으시길 바랍니다.

앞에 실린 사천왕 사진은 조선시대(숙종)에 조성된 것으로 원래의 모습을 완벽하게 보존하고 있을 뿐만 아니라 조선시대 사천왕상의 기준이 되는 작품입니다.

(4) 33인의 천인이 거주하는 도리천

다음은 도리천입니다. 도리忉利란 '33'을 의미하는 범어 '트라야스트림샤(trāyas-triṃśa) 중에서 '트라야스'를 음사한 것이며, 여기에 천天(deva)을 첨가하여 도리천忉利天이라고 합니다. 또는 다라야등릉사多羅夜登陵舍, 달리야달리사怛唎耶怛唎奢라고 음사하기도 합니다.

도리천은 어디에 있을까요? 도리천은 수미산 정상에 있으며, 욕계에 있는 육욕천의 두 번째 천天입니다. 그렇다면 도리천에는 누가 살고 있을까요? 도리천에는 33명의 천인이 살고 있습니다. 33명의 천인을 간략하게 설명하자면, 수미산 정상 네 모퉁이의 봉우리에 살고 있는 8명의 천인(4×8=32)과 이 천신을 관장하는 제석천帝釋天을 말합니다. 이 33명의 천인 중에서 우리에게 가장 잘 알려진 천인은 제석천입니다. 제석천은 사천왕을 통솔할 뿐만 아니라 인간세계도 감시하는 존재입니다. 제석천은 본래 힌두교에서는 인드라 신으로 알려져 있습니다. 인드라36) 신은 용감한 무장의 모습을 하고 있어 무용신武勇神 또는 금강저를 가지고 번개를 쳐서 상대를 제압하기 때문에 베다 문헌 등에서는 천둥신으로 기록하고 있습니다. 인드라 신은 본래 술을 좋아할 뿐만 아니라 아주 난폭하다고도 합니다. 예쁜 여자를 발견하면 욕보였다고 합니다. 그는 어떤 선인의 아내를 사모하여 선인이 출타하자 선인의 모습으로 변신하여 선인의 아내와 관계를 가졌다고 합니다. 이 사실을 안 선인은 분노하여 주문을 걸어 인드라 신(제석천)의 몸에 여성 성기를 천 개나 새겼다고 합니다. 비로소 인드라 신은 크게 뉘우치고 불도에 정진하여 여성의 성기를 눈으로 변화시켰다고 합니다. 그래서 인드라 신은 몸에 천 개의 눈이 생기게 되어, '천 개의 눈을 가진 신'이라는 의미로 천안천天眼天이라고도 합니다.

그렇다면 제석천은 어디에 거주할까요? 도리천 꼭대기에 금으로 만든 선견善見(잘 보다)이라는 성城이 있다고 합니다. 그곳의 대지는 평탄하고 역시 순금으로 만들어져 있으며 101가지의 형형색색의 보배로 장식되어 있다고 합니다. 그리고 그 대지의 촉감은 비단같이 부드럽고 그곳을 밟으면 발에 따라 높아지기도 하고 낮아지기도 합니다. 선견성에는 여러 가지 보배로 장엄하여 다른 천궁보다 뛰어나기 때문에 '수승'이라고 하는 수승전殊勝殿이 있는데, 제석천은 이 수승전에 살고 있다고 합니다. 그리고 그 주변에는 32천의 궁전이 에워싸고 있답니다. 선견성에는 999개의 문이 있으며, 각 문에는 푸른 색의 옷을 입은 귀신이 있어 성을 지키고 있다고 합니다.

또한 성 밖은 네 동산으로 장엄되어 있습니다. 이곳은 온갖 천신들이 함께 유희하는 곳입니다. 첫 번째 동산은 중차원衆車苑(caitra-ratha-vana)입니다. 중차원은 천신들이 각자의 복력에 따라 여러 가지 형태의 수레를 타고 노는 곳입니다. 두 번째 동산은 추악원麤惡苑(pāruśya-vana)입니다. 추악원은 천신들이 원하는 대로 갑옷이나 칼들이 나타나는데, 그것으로 전쟁놀이를 하는 곳입니다. 구마라집은 악구원惡口苑이라고 번역합니다. 세 번째 동산은 잡림원雜林苑 또는 화잡원和雜苑(miśrakā-vana)입니다. 잡림원이란 이곳에 들어오는 자에게 뛰어난 기쁨을 주는 곳입니다. 네 번째 동산은 희림원喜林苑 또는 환희원歡喜苑(nandana-vana)입니다. 희림원은 온갖 욕망의 대상을 모두 갖추고 있어 아무리 보아도 싫증이 나지 않는 곳입니다. 그리고 각 동산은 팔공덕수八功德水37)로 가득 채워져 있으며, 원하는 바에 따라 아름다운 꽃, 보배로운 배, 새들이 각기 기묘하게 장엄된 여의如意라는 연못이 있다고 합니다.

경전의 기록에 의하면 부처님의 생모인 마야부인이 도리천에 있었다고 합니다. 그래서 부처님께서는 생모 마야부인을 위해 도리천에 올라가 설법을 하고 지상으로 내려왔다고 합니다. 부처님께서 다시 지상으로 내려온 곳이 현재 인도의 산카샤입니다. 산카샤는 불교의 8대 성지38) 중 하나입니다. 지금 산카샤에는 힌두교 신들이 모셔져 있고, 한쪽은 스리랑카 불교사원이 건립되어 있어 힌두교도와 약간의 다툼이 있는 곳이기도 합니다.

(5) 염라대왕의 거주처 야마천

야마천夜摩天(yāma-deva)이란 '야마(염마)가 사는 천天'이라는 뜻입니다. 야마천에는 어느 천신이 거주할까요? 공거천의 최하위층인 야마천은 염마대왕이 사는 곳입니다. 그렇지만 야마(yāma), 즉 염마는 최초의 인간인 동시에 가장 먼저 죽었기 때문에 지옥도 관장합니다. 야마천은 욕계에 있는 육욕천 중의 세 번째 천天입니다. 야마夜摩는 범어 야마(yāma)의 음사입니다. 그런데 야마라는 말에는 시간의 의미가 있습니다. 그래서 시시때때로 충분히 쾌락을 향수하기 때문에 시분천時分天이라고 번역하기도 합니다. 그렇다면 야마천은 어떤 곳일까요? 야마천에서는 밤과 낮의 구별이 없으며, 언제나 광명으로 빛나고, 언제나 쾌락을 받는다고 합니다.39) 그리고 야마천이 사는 곳을 야마궁(yāma-vimāna) 또는 야마천궁(yāmaīya)이라고 합니다.

(6) 보살의 거주처 도솔천

도솔천兜率天은 어디에 있을까요? 도솔천(tuṣita-deva)은 야마천 위에 있으며, 육욕천의 네 번째 천天입니다. 도솔천이란 범어 투쉬타(tuṣita)의 번역인데, 투쉬타(tuṣita)는 동사원형 √tuṣ(만족하다)에 과거수동 형태인 '이타'(ita)가 붙어 '만족하게 하다'라는 뜻입니다. 그래서 구마라집은 '만족함을 아는 신'이라는 의미로 지족천知足天이라고 번역합니다. 왜냐하면 자신이 향유한 것에 대해 기쁘게 만족하는 마음이 있기 때문입니다. 도솔천을 음사하여 도사다천都史多天이라고도 합니다.

그렇다면 도솔천에 누가 살고 있을까요? 도솔천은 장차 부처가 될 '보살'이 사는 곳입니다. 보살이라고 하면 우리들은 보통 '절에 다니는 여성재가신자'를 연상하기 쉽습니다. 그렇지만 보살이란 범어의 남성명사 '보디사트바'(Bodhi-sattva)의 음사인 '보리살타菩提薩埵'를 생략한 말입니다. '보디'(bodhi)란 동사원형 √budh(깨닫다)에서 파생한 것으로 '깨달음'(覺)의 의미이고, '사트바'(sattva)는 √as(존재하다, 있다)로부터 파생한 현재분사 '사트'(sat)를 명사화(tva)시킨 것입니다. 그래서 보살이란 '깨달음을 위해 노력하는 사람' 또는 '깨달음이 확정된 사람'이라는 뜻입니다. 오늘날 보살이라고 할 때는 다음과 같이 크게 네 가지 의미가 있습니다.

첫째는 전생을 포함해 성도하기 이전의 부처님을 말합니다. 대승불교에서 깨달음을 얻은 석가모니 부처님은 현생에서 6년간의 수행으로 부처님이 된 것이 아니라, 전생에서 수많은 공덕을 쌓아 현재의 부처님이 되었다는 불타관을 제시합니다. 부처님의 전생(보살)을 기록한 『자타카』(本生譚)에는 부처님의 전생에서의 선행이 기록되어 있는데, 전생에서 수많은 공덕을 쌓던 부처님의 호칭이 바로 보살입니다. 보살로서의 부처님은 인간, 동물, 날짐승, 물고기 등으로 태어나 수많은 선행을 쌓는 수행을 거듭합니다.

둘째는 인도의 뛰어난 학승으로서 훌륭한 저작을 남긴 분을 말합니다. 이런 보살은 대승불교에 수도 없이 등장합니다만, 중관학파를 창시하고 『중론中論』을 지은 용수보살, 유식사상을 크게 발전시키고 『섭대승론攝大乘論』을 지은 무착보살, 『유식삼십송』을 저술하여 유식사상을 완성시킨 세친보살, 부처님의 전기인 『불소행찬佛所行讚』과 『대승기신론大乘起信論』을 지은 마명보살 등이 대표적입니다.

셋째는 관세음보살이나 지장보살, 문수보살, 미륵보살 등과 같은 부처님의 분신을 말합니다. 이런 보살은 현실의 고통에서 괴로워하고 있는 중생을 구제하는 분입니다. 그래서 불교도 특히 대승불교도에게 아주 인기가 많은 보살입니다.

넷째는 구도심을 가지고 수행하는 사람들을 보살이라고 합니다. 대승불교에서는 모든 인간은 부처가 될 수 있다고 확신하여 깨달음을 구해서 노력하는 사람들을 모두 '보살'(보디사트바)이라고 부르게 되었습니다. 즉 구도자 일반을 가리키는 말이 되었습니다. 비록 보디사트바라는 말이 남성명사이지만, 깨달음을 위해 끊임없이 노력하는 구도자는 모두 보살이 될 수 있습니다. 그러므로 오늘날 한국에서 여성재가신자를 보살이라고 부르는 것은 타당하다고 할 것입니다. 부처님을 믿고 그 가르침대로 살며, 깨달음을 구하는 모든 사람들은 보살이기 때문입니다. 그렇지만 진정한 보살이 되기는 쉽지 않습니다. 진정한 보살이 되기 위해서는 '상구보리, 하화중생'(위로는 깨달음을 구하고, 아래로는 중생을 제도한다)의 2대 서원을 세우고 6바라밀을 실천해야 합니다. 6바라밀에 대해서는 독자들께서 이미 알고 있을 것으로 생각합니다만, 노파심에서 간단하게 설명하겠습니다. 6바라밀이란 자신의 재물이나 능력을 타인에게 아낌없이 베푸는 보시바라밀, 오계·팔재계·보살계를 계속해서 지키는 지계바라밀, 고난을 참고 분노를 일으키지 않는 인욕바라밀, 기쁨으로 수행 노력하는 정진바라밀, 바른 선정을 실천하여 마음을 집중하는 선정바라밀, 부처의 바른 가르침을 배워 진리(진실)를 보고 지혜를 얻는 반야바라밀을 말합니다. 그러므로 보살은 6바라밀을 실천할 때에 부처의 경지에 도달할 수 있습니다.

부처님은 석가족 정반왕의 아들로 태어나기 전에 도솔천에 살고 있었습니다. 도솔천에서 여섯 개의 상아를 가진 흰 코끼리 모습으로 변하여 사바세계에 내려와 정반왕의 부인인 마야부인의 태내로 들어가 왕자로 태어났습니다. 그리고 현생에서 6년간의 수행 끝에 석가모니 부처님이 되었습니다. 그러므로 도솔천은 부처님의 고향이라고 할 수 있습니다.

그런데 현재 도솔천에는 미륵보살이 계십니다. 미륵보살은 미래에 지상에 내려와 부처가 되어 중생을 구제해 주기로 약속되어 있습니다. 미륵보살은 현재 도솔천에 계시지만 부처님이 입멸하신 후 5억 7천6백만 년 뒤에 우리들을 구제해 주기 위해 현생에 태어난다고 합니다. 중국에서는 56억 7천만 년 후라고 합니다. 그래서 미래불이라고 합니다. 미륵이란 범어 '마이트레야'(maitreya)의 번역입니다. 『미륵하생경彌勒下生經』에는 미륵보살의 행적이 예언되어 있는데, 도솔천에서 인간이 사는 섬부주를 관찰한 후 시두성翅頭城에 살고 있는 대신大臣 부부를 부모로 선택하여 어머니의 태내에 들어가 오른쪽 옆구리에서 태어난다고 합니다. 미륵은 32상을 구비하고 용화수 아래에서 깨달음을 얻었다고 합니다. 그리고 미륵보살은 부처님의 상수제자인 마하가섭으로부터 부처님의 수의를 받고 3번에 걸쳐 법회를 열어 300억 명을 미혹에서 구제했다고 합니다. 그래서 지금도 미륵보살은 사바세계에 내려올 날을 기다리면서 수행에 정진하고 있습

금동미륵보살반가사유상(국보 제83호)

금동미륵보살반가사유상(국보 제78호)

니다. 그리하여 지상에 내려와 중생을 구하고 부처가 된다고 합니다.

그런데 미륵보살은 우리 민족에게 아주 특별한 존재입니다. 예로부터 우리는 미륵신앙이 매우 강했습니다. 지금도 한반도 각처에 미륵보살상이 산재해 있습니다. 특히 신라시대에 조성된 국보 83호와 78호의 미륵반가사유상은 매우 유명합니다. 미륵을 신봉했던 대표적인 인물이 후삼국 시대의 궁예였습니다. 물론 궁예는 미륵보살을 자신의 정치적 기반을 유지하기 위해 이용한 나쁜 선례입니다. 그리고 근대에 성립한 증산교도 미륵신앙을 바탕으로 성립하였으며, 민족종교나 토속신앙도 미륵신앙을 바탕으로 성립한 것이 많습니다. 반면 중국은 관세음보살신앙이 강합니다. 지금도 중국에는 포타라카(potalaka)를 비롯해 관세음보살 성지가 많습니다. 관세음보살은 현실에서 고통 받는 중생을 구제해 주는 보살이기 때문에, 아주 현실적인 중국인에게 적합한 신앙 대상이 되었던 것입니다.[40) 그리고 일본은 지장보살신앙이 아주 강합니다. 지금도 일본 어디를 가도 지장보살을 모신 상이 많습니다.

(7) 대상을 스스로 변화시켜 즐기는 낙변화천

낙변화천樂變化天(nirmāṇa-rati-deva)[41)이란 욕계의 대상을 자주 변화變化시키는 것을 즐기며(樂), 그 즐거움을 향유하는 곳입니다. 다시 말해 자신의 신통력으로 다섯 가지의 오묘한 욕망(五妙欲)의 대상[42)을 만들어 그것을 향유하는 천天입니다. 낙변화천은 어디에 있을까요? 낙변화천은 도솔천 위에 있습니다. 욕계의 육욕천 중 다섯 번째 천天입니다. 경전에는 "이곳에 태어나는 자는 스스로 즐거운 상황을 만들어 즐긴다. 인간의 80세를 1일로 하여, 수명은 8천 세"라고 하였습니다. 낙화천樂化天 또는 화락천化樂天이라고도 합니다.

(8) 대상을 자유자재로 자신의 것으로 즐기는 타화자재천

타화자재천他化自在天(parinirmita-vaśavartin-deva)은 다른 이(他)가 변화(化)시킨 욕계의 대상을 자유자재(自在)로 자신의 즐거움으로 향유하기 때문에 이런 이름이 붙었습니다. 다시 말해 이곳은 야마천, 도솔천, 낙변화천의 세계를 보고 그것으로 즐기는 세계입니다. 그래서 자신은 안달하지 않고 다른 이의 즐거움을 즐거워하는 경지입니다. 타화자재천은 낙변화천 위에 있으며, 욕계의 육욕천 중 여섯 번째 천天입니다. 타화자재천은 어떤 곳일까요? 이곳은 배고픔을 느끼는 순간 배가 불러집니다. 게다가 이곳은 머물 곳도 걱정할 필요 없기 때문에 아무 불만 없이 살아가는 세계입니다. 타화자재他化自在 또는 타화천他化天이라고 약칭하기도 합니다.

2) 육체가 남아 있는 색계

다음은 색계色界(rūpa-dhātu)를 설명하겠습니다. 색계는 욕계 위에 있습니다. 욕계는 성욕, 수면욕 등을 가진 자들이 살아가는 세계입니다. 반면 색계는 이런 욕망에서는 벗어났지만 육체는 남은 세계입니다. 색이란 물질 내지 육체를 말합니다. 그리고 이곳에는 17명의 천신이라고 부르는 천인이 거주하고 있습니다. 그 천신의 이름은 다

음과 같습니다.

사정려四靜慮43) 중에서 첫 번째 단계인 초선初禪을 얻은 경지의 천天을 먼저 기술하겠습니다.

첫 번째는 범중천梵衆天(brahma-kāyikāḥ-deva)입니다. 범중천은 대범천에 속하는 천입니다. 두 번째는 범보천梵輔天(brahma-purohita-deva)입니다. 범보천은 대범천(梵) 앞에서 보좌(輔)하는 천天이며, 범전익천이라고도 합니다. 세 번째는 대범천大梵天(mahā-brahma-deva)입니다. 위대한(大) 범천梵天이라는 뜻이며, 범천의 총괄자입니다. 범중천, 범보천, 대범천의 셋을 총괄해서 범천이라고도 합니다. 보통 범천이라고 하면 대범천을 말합니다.

다음은 제이선第二禪의 단계에 있는 신들입니다.

첫 번째는 소광천少光天(parītta-ābhāḥ-deva)입니다 소광천은 천天 중에서 광명光明이 가장 적기(少) 때문에 붙여진 이름입니다. 두 번째는 무량광천無量光天(apramāṇa-ābhāḥ-deva)입니다. 무량광천은 헤아릴 수 없을(無量) 정도의 광명(光)이 있는 천이라는 의미입니다. 세 번째는 광음천光音天(ābhā-svara-deva)입니다. 광음천에 사는 천인은 언어가 없는 대신 정심定心에서 발하는 빛(光, ābhā)이 음성(音, svara)의 역할을 합니다. 그러므로 광음천이라고 합니다. 또는 극광정천極光淨天이라고도 하는데, 지극히(極) 깨끗한(淨) 광명(光)을 두루 비추는 천天이라는 뜻입니다.

다음은 제삼선第三禪의 단계에 속하는 신들입니다.

첫 번째는 소정천少淨天(parītta-śubha-deva)입니다. 여기서 정淨이란 의식이 느끼는 쾌락한 감수작용을 말합니다. 소정천은 제삼선 중에서 청정함(淨)이 가장 적기(少) 때문에 이렇게 부릅니다. 두 번째는 무량정천無量淨天(apramāṇa-śubha-deva)입니다. 무량정천이란 청정함(淨)이 헤아릴 수 없을(無量) 만큼 있는 천天입니다. 세 번째는 변정천遍淨天(śubha-kṛtsnāḥ-deva)입니다. 변정천은 청정함(淨)이 두루(遍) 걸쳐 있는 천天입니다.

다음은 제사선第四禪에 속하는 신들입니다.

첫 번째는 무운천無雲天(anabhrakāḥ deva)입니다. 여기서 운雲이란 모든 천인들이 밀집하여 있는 것을 말합니다. 왜냐하면 무운천 위로는 천이 운집하는 경우가 없기 때문에 이렇게 부릅니다. 두 번째는 복생천福生天(puṇya-prasavāḥ deva)입니다. 복생천은 복福을 쌓은 범부가 태어나는(生) 천天입니다. 세 번째는 광과천廣果天(bṛhat-phalāḥ-deva)입니다. 광과천은 범부 중에서 가장 뛰어난 과보를 가진 자가 태어나는 천입니다. 네 번째는 무번천無煩天(avṛhāḥ deva)입니다. 무번천은 마음에 번뇌와 걱정(煩)이 없고(無) 적정의 안락을 즐기는 천입니다. 다시 말해 욕망을 떠난 성자가 성도의 물로 더러움을 벗기는 천입니다. 그리고 무번천 이하의 다섯 천을 정거천淨居天44) 또는 오정거천五淨居天이라고 합니다. 오정거천이란 불환과45)의 성자가 머무는 다섯 개의 청정한 거처라는 뜻입니다. 다섯 번째는 무열천無熱天(atapāḥ deva)입니다. 무열천은 마음에 열뇌熱惱가 없고 깨끗하고 서늘한(淸涼) 즐거움을 즐기는 천입니다. 여섯 번째는 선현천善現天(sudarśanāḥ deva)입니다. 선현천은 선정을 닦는 것에 의해 얻어진 선善이 확실하게 현현(現)하는 천입니다. 또는 이곳의 천인의 모습이 단정하고 아름답기 때문에 선현천이라고도 합니다. 일곱 번째는 선견천善見天(sudṛśāḥ deva)입니다. 선견천은 마음의 더러움이 없어지고 청정하게 잘(善) 볼 수 있는(見) 천天입니다. 마지막 여덟 번째는 색구경천色究竟天(akaniṣṭhāḥ deva)입니다. 이곳은 색계의 천天 중에서 가장 뛰어난(究竟) 천입니다.46)

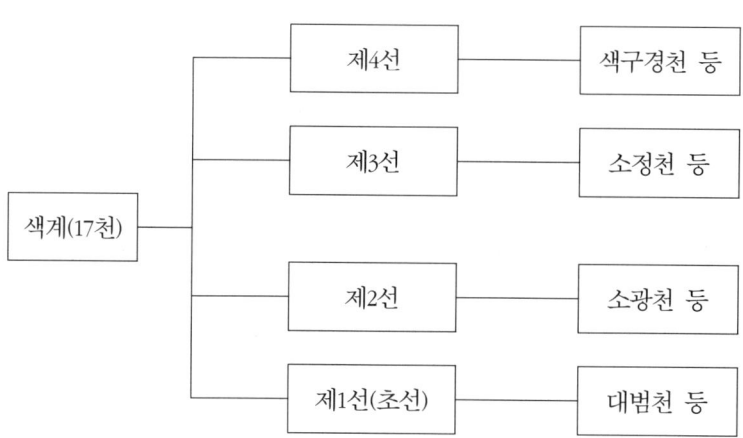

다시 정리해 보면 17천신이 사는 색계의 천계도 크게 네 단계로 구분합니다. 즉 초선, 제이선, 제삼선, 제사선입니다. 초선의 단계는 범중천, 범보천, 대범천입니다. 처음 등장하는 3신(범중천, 범보천, 대범천)을 보통 범천梵天(Brahmā)이라고 합니다. 범천은 보리수 아래에서 깨달음을 얻은 후에 설법하기를 주저하는 부처님에게 설법을 부탁한 신(梵天勸請)[47]입니다. 범천은 신장이 1유순 반, 즉 15킬로미터나 되는 거대한 신입니다. 특히 범천은 제석천과 더불어 불교를 수호하는 2대 신으로 알려져 있습니다. 제이선은 소광천, 무량광천, 광음천(극광정천)이며, 제삼선은 소정천, 무량정천, 변정천입니다. 그리고 제사선은 무운천에서 색구경천까지입니다.

3) 정신적인 작용만이 남아 있는 세계인 무색계

다음은 무색계無色界(ārūpya-dhātu)를 설명하겠습니다. 무색계는 색계 위에 존재합니다. 무색계란 물질적인 존재는 사라지고 정신만이 있는 세계입니다. 무색계는 물질로서는 존재하지 않기 때문에 공간을 초월한 세계입니다. 그래서 정확하게 어디에 있는지 나타내기 힘듭니다. 다만 색계 위에 존재하는 것으로 생각하면 됩니다. 무색계는 정신(의식)만이 존재하는 세계입니다. 이곳은 공처천空處天, 식처천

識處天, 무소유처천無所有處天, 비비상천非非想天 또는 비상비비상천非想非非想天의 네 단계로 나눕니다.

먼저 첫 번째 단계인 공처천입니다. 공처천이란 공무변처라고도 하는데, 삼계(색계, 욕계, 무색계) 중에서 무색계(물질이 없는 세계)를 구성하는 네 가지의 처處라고 합니다. 처處(āyatana)란 공간적인 장소를 의미하지 않고 그곳에 살고 있는 경지를 말합니다. 즉 물질적인 것을 부정하여, 존재는 무변한 허공이라고 생각하는 경지를 공무변처라고 합니다. 그리고 공처, 무변공처, 무변허공처의 다양한 명칭으로 불립니다.

두 번째 단계는 식처천입니다. 식처천은 식무변처識無邊處(vijñāna-anantya-āyatana)라고도 하는데, 식무변처는 존재를 무변한 마음뿐이라고 생각하는 경지입니다. 그리고 식처 또는 무변식처라고도 합니다.

세 번째 단계는 무소유처천입니다. 무소유처천은 무소유처(ākiṃcanya-āyatana)라고도 하는데, 물질적인 것이나 심적인 것도 부정하여 전혀 존재하지 않는다고 생각하는 경지를 말합니다.

네 번째 단계는 비상비비상천입니다. 비상비비상천(naiva-saṃjñā-nāsaṃjñā-āyatana)이란 마음속에 명료한 생각(想)이 없는 것(非想), 또한 전혀 생각이 없는 것이 아닌(非非想) 경지를 말합니다. 그리고 무색계의 가장 높은 단계인 비상비비상천을 유정천有頂天(bhava-agra-deva)이라고도 합니다. 유정천이란 삼계(三有)의 정상(頂, agra)에 있는 천天(deva)이라는 뜻으로, 부처님의 단계를 제외하고 가장 높은 수행의 경지입니다.

그런데 천상에 사는 천인들은 수명이 영원할까요? 사바세계의 생명이 한도가 있듯이 천인의 생명도 영원하지 않습니다. 다시 말해 천인도 윤회를 거듭합니다. 천인이 생명을 다하면 다섯 가지의 징후가 나타난다고 합니다. 우선 가벼운 증상으로는 걸으면 의복이나 몸에 붙어 있는 장신구에서 좋지 않은 소리가 나며, 신체에서 발산하는 광명이 약하게 된다고 합니다. 또한 목욕을 하면 물방울이 몸에 붙고, 마음이 하나의 대상에 머물며, 눈 깜박임이 자주 일어난다고 합니다. 그리고 좀 더 무거운 증상으로는 머리 위에 붙어 있는 꽃이 사라지고, 겨드랑이 밑에 땀이 나고, 옷이 더러워지고, 위엄의 빛이 사라지고, 지금 있는 자리가 즐겁지 않은 다섯 가지 증상이 나타난다고 합니다. 이런 징후가 나타나면 천인은 곧 임종을 맞이한다고 합니다. 그리고 생전의 업에 따라 윤회를 하는데, 지옥에 떨어지는 경우도 있습니다.

이런 징후가 나타난 천인은 동료로부터 꺼려지는 존재가 되어 누구도 개의치 않습니다. 다시 말해 친구가 없는 고독한 존재, 즉 굉장한 정신적인 괴로움을 당하는 것입니다. 이처럼 천계를 포함한 육도세계는 윤회하는 세계입니다. 그래서 불교에서는 천계에 태어나는 것을 바라지 않고 육도윤회의 세계에서 벗어나는 것, 즉 해탈을 목적으로 수행하는 것입니다.

마무리

이상으로 중음세계와 육도윤회에 대한 설명을 마쳤습니다. 독자 여러분들께서는 어떠세요? 천계에 태어나고 싶으세요, 아니면 지옥에 떨어지고 싶으세요? 당연히 천계에 태어나고 싶을 것입니다. 저는 개인적으로 지옥에 태어나는 것도 두렵습니다만, 천계에도 태어나고 싶지 않습니다. 저는 또다시 인간계에 태어나고 싶습니다. 다시 말해 육체와 마음을 가진 존재인 인간으로 태어나고 싶습니다. 저는 육체적인 괴로움과 정신적인 고통을 안고 사는 인간이 좋습니다. 경솔한 판단일지 모르지만 천계나 극락은 너무 삭막하고 재미가 없을 것 같습니다. 그래서 필자는 너무나 재미없을 것 같은 극락세계에 관심도 없습니다. 이런 이유로, 독자들께서는 관심이 많을 줄 알지만, 극락세계에 대해 기술하는 것은 생략하고자 합니다. 독자들의 양해를 구합니다.

나마스테(namaste)

■■ **미주**

■ 인간은 무엇 때문에 죽음에 관심이 많은가

1) 부처님이 행하신 전생의 보살행 중에 가장 대표적인 것을 소개하고자 한다. 투신아호投身餓虎(굶주린 호랑이에게 몸을 던지다)라는 부처님의 전생 이야기이다. 그 내용은 다음과 같다.
"옛날 어느 나라에 마하바라, 마하제파, 마하살타의 세 명의 왕자가 있었다. 세 왕자는 모두 용모가 출중하고, 마음 또한 고왔다. 특히 막내인 살타태자는 그 중에 가장 뛰어났다. 어느 날 왕자들은 부친에게 선물을 하려고 산에 올라갔는데, 그만 길을 잃어 깊은 산속으로 들어가게 되었다. 그곳에서 그들은 너무나 굶주려 움직일 수도 없는 어미 호랑이와 어미 주위에 모여 있는 일곱 마리의 새끼 호랑이를 보았다. 게다가 새끼 호랑이들은 태어난 지 7일이 지났지만, 어미젖을 전혀 먹지 못한 것 같았다. 어미 호랑이는 지금이라도 죽을 것 같이 야위었다.
첫째 형인 마하바라 왕자는 '먹이를 찾을 수 없어 굶주림에 지친 어미 호랑이가 주위에 있는 일곱 마리의 새끼를 먹지 않을까?'라고 걱정하고, 둘째 형인 마하제파는 '어떻게 하면 목숨을 구해 줄 수 있을까?'라는 궁리를 하고 있었다.
이때 막내인 살타태자는 '나의 육신을 먹게 하자. 나의 신체를 버려 가엾은 호랑이 모자를 구하자'라고 결심하였다. 살타태자는 긴 세월 동안 깨달음을 얻기 위해 수행하여 온 자신을 생각하였다. 그리고 지금이야말로 깨달음을 구하기 위해 자신의 신체를 버릴 때라고 생각했다. 깨달음을 얻어 모든 살아 있는 생물에게 한없는 법(진리)의 기쁨을 베풀자고 결심했던 것이다.
두 왕자는 자기들의 처지로는 아무 것도 해 줄 수 없는 것을 가슴 아파하면서 호랑이 곁을 떠났다. 살타태자는 자기의 결심을 두 형에게 방해받지 않기 위해 형들을 먼저 궁전으로 돌아가게 하고 자기는 숲 속으로 되돌아왔다. 먼저 살타태자는 차고 있던 칼을 벗어 나무에 걸었다. 또한 자기 몸에 걸치고 있던 금은보석 등을 벗어 나무에 걸었다. 마지막으로 자기가 입고 있던 옷을 벗어 나무에 걸고 조용히 어미 호랑이 바로 앞에 누웠다. 살타태자는 조용히 미소를 머금은 채로 빛나고 아름다운 육체를 드러냈다. 그러나 살타태자의 대담한 행동 때문에 어미 호랑이는 가까이 접근하지 못하였다. 그러자 살타태자는 높은 언덕에 올라가 어미 호랑이가 있는 곳으로 몸을 던졌다. 그래도 호랑이가 전혀 움직이지 않자, 살타태자는 어미 호랑이가 너무 굶주려 자기를 먹을 수 없다고 생각하였다. 그래서 단단한 대나무를 손에 쥐고 자기의 목을 찔렀다. 그러자 붉은 피가 대지를 적셨다.……
굶주린 어미 호랑이는 신선한 피 냄새를 맡자 곧바로 살타태자에게 달려들어 순식간에 먹어 치웠다. 이렇게 하여 호랑이는 목숨을 구했고 살타태자는 자신의 뜻을 이루었다."
여기서 살타태자는 붓다, 마하바라 왕자는 미륵, 마하제파 왕자는 문수, 부친(부왕)은 정반왕, 호랑이는 부처님을 키워 준 마하프라자파티, 일곱 마리의 새끼 호랑이는 목련·사리불 및 부처님과 함께 수행한 다섯 명의 비구이다.
이 전생 이야기는 언급할 필요가 없을 정도로 매우 유명하다. 부처님의 전생인 살타태자가 자기의 신체 전부를 굶주린 어미 호랑이와 새끼 호랑이에게 자발적인 자비심으로 보시하는, 이른바 사신捨身하는 내용이다. 이 투신아호投身餓虎의 전생 이야기에서 필자가 주목하고 싶은 것은 살타태자가 호랑이에게 사신하기 전의 준비 행위이다. "먼저 살타태자는 차고 있던 검을 나무에 걸었다. 또한 자기 몸에 걸치고 있던 금은보석 등을 벗어 나무에 걸었다. 마지막으로 자기가 입고 있던 옷을 벗어 나무에 걸고 조용히 어미 호랑이 바로 앞에 누웠다"라는 구절이다. 자기의 신체 전부를 보시하는 것도 모자라 보시 받는 호랑이의 입장을 철저하게 배려하고 있는 것이다. 굶주린 어미 호랑이와 새끼 호랑이가 목에 걸리지 않도록 금은보석 등과 옷을 먼저 벗었던 것이다. 다시 말해 자비심이 바로 보시로 연결되는 것이다. 그러므로 자비의 실천이 바로 보시이고, 사신인 것이다.

2) 화신化身(avatārana)이란 우주 안의 지존(부처님)의 정신이 물질적인 이 세상(현상) 속으로 건너온다는 뜻이다. 다시 말해 신神이 인간 등의 모습으로 강림하는 것이다. 이것은 신과 인간 사이의 간격을 매우는 가장 효과적인 방법이다. 이 화신 개념 덕분에 시방세계에 부처님이 존재 가능할 수 있다. 또 인도에서 3억 3천의 신이 존재할 수 있는 근거이기도 하다. 몇 년 전 개봉하여 세계적으로 히트한 '아바타'라는 영화가 있었다. '아바타'는 범어 '아바타라'를 영어로 표현한 것이다. 중국인은 '아바타라'를 화신으로 번역하였다.

3) 사성제四聖諦(ārya-catvāri-satyāni)란 '네 가지의 성스러운 진리'라는 의미이다. '아르야(ārya, 聖)는 형용사로 '성스러운'의 의미이며, 뒤에 오는 제諦를 꾸미고 있다. 차드바리(catvāri, 四)는 숫자 4의 복수형이며, '사트야니'(satyāni, 諦)는 사트야(satya)의 복수로 '진리'라는 뜻이다. 사성제는 다음과 같다.
첫 번째는 고성제苦聖諦이다. 즉 '고에 관한 성스러운 진리'라는 뜻이다. 고성제는 일체의 모든 것(현실적인 것)은 괴롭다(苦)는 것이다. 괴로움(苦, duḥkha)이란 정신적, 물리적 고통을 통틀어 일컫는 말이다. 한마디로 말하면 '우리들의 인생은 괴롭다'라는 것이다. 인간은 태어나서 괴로움과 고통에 시달리며 죽어 가는 존재이다. 중국에서는 두거豆佉, 낙거諾佉, 납거納佉라고 음사하기도 한다. 고의 종류는 크게 내면적인 고(마음에서 일어나는 괴로움)와 외면적인 고(밖으로부터 받는 괴로움)로 나누지만, 고를 고고苦苦, 괴고壞苦, 행고行苦의 삼고三苦로 나누기도 한다. 고고는 자기의 욕망이나 욕구를 거스르는 대상으로부터 받는 고통이며, 괴고는 애착하는 대상으로부터 받는 고통이다.(공간적) 행고는 모든 것이 무상하다는 것을 보고 느끼는 고통이다.(시간적)

두 번째는 고집성제苦集聖諦이다. 즉 '괴로움(苦)이 일어나는 원인(集)에 관한 성스러운(諦) 진리(諦)'라는 뜻이다. 고집성제는 현실적인 괴로움이 일어나는 원인을 밝히고 있다. 경전에서는 괴로움의 원인을 갈애라고 하였다. 즉 부처님은 괴로움의 원인을 갈애渴愛(인간 개개인에 존재하는 끊임없는 욕망)와 무명無明(근본적인 무지) 때문이라고 했다. 이 갈애는 육체적·정신적 욕망을 포함하는 가장 넓은 범위의 개념이다. 갈애는 갈망, 욕망, 집착 등과 동일한 의미이다. 부처님은 이 갈애가 괴로움을 일으키는 원인이고, 윤회를 반복하게 하는 원인이라고 하였다. 다시 말해 부처님은 괴로움의 원인을 갈애(욕망)와 그 갈애에 집착하기 때문이라고 하였다.

세 번째는 고멸성제苦滅聖諦이다. 즉 '괴로움(苦)의 소멸(滅)에 관한 성스러운(諦) 진리(諦)'라는 뜻이다. 괴로움이 소멸한 상태를 해탈 또는 열반이라고 하며, 열반은 괴로움의 원인을 없애서 얻어지는 이상이고 목적이다. 멸滅이란 해소나 해결의 의미로 괴로움이 없어진 상태, 즉 괴로움을 제압(제어)할 수 있는 힘이 있음을 말한다. 이른바 감각기관을 제압하고 나서 정신을 집중하는 것이다.

네 번째는 고멸도성제苦滅道聖諦이다. 즉 '괴로움(苦)을 멸할 수 있는(滅) 방법(道)에 관한 성스러운(聖) 진리(諦)'라는 뜻이다. 여기서 도道는 이상을 실현하기 위한 수단이나 실천방법을 말한다. 고를 소멸하기 위한 구체적인 실천방법은 팔정도이다. 팔정도란 정견·정사유·정어·정업·정명·정정진·정념·정정이다.

4) 김명우, 『왕초보 반야심경 박사되다』(민족사, 2013), 176쪽.
5) 부처님께서는 사후세계 등에 관한 질문을 받았을 때 '무기' 즉 '침묵'하였다고 하지만, 필자는 '사후세계가 있다 또는 없다'라고 단정하지 않았다는 뜻으로 받아들인다.
6) 14무기(남전에는 10무기)는 다음과 같다.
- 세계는 시간적으로 영원한가·유한한가, 영원 또한 무상한가, 비상非常 또한 비무상非無常인가.(4)
- 공간적인 세계는 유한(有邊)한가·무한(無邊)한가, 유한(有邊) 또한 무한(無邊)한가, 비유한(非有邊) 또한 비무한(非無邊)인가.(4)

미주 195

- 여래는 사후에 존재하는가·존재하지 않는가, 존재(有) 또한 비존재(無)인가, 비유非有 또한 비무非無인가.(4)
- 영혼(ātman)과 육체(śarīra)는 동일한가, 다른가.(2)

7) 『論語』, 「先進」, "子路, 問事鬼神. 子曰, 未能事人, 焉能事鬼. 敢問死. 曰未知生, 焉知死."
8) 『論語』, 「述而」, "子不語, 怪力亂神."

■ 제1장 중음세계와 사십구재

1) 이 사건을 후대의 역사가들은 '분서갱유사건'이라고 한다. 분서란 '태울 분'(焚), '책 서'(書)이고, 갱유는 '묻을 갱'(坑), '선비 유'(儒)이므로 '책을 태우고 선비를 땅에 묻었다'라는 뜻이다. 진시황제 당시 재상이었던 이사의 건의를 받아들여 실용적인 서적 이외의 사상서를 모두 태웠으며, 유학자를 생매장한 사건이다. 그런데 당시 유儒 자는 유학을 공부하는 선비만을 의미하지 않았다. 그 당시에는 유학자 이외에도 술사術士나 방사도 유儒로 불렸다. 독자들의 오해가 없기를 바란다.
2) 『화살경』은 아들을 잃은 아버지가 몇 날 며칠 동안 식음을 전폐하고 슬퍼하자 부처님께서 그를 위해 설하신 경전이다.
3) 대부분 사람들은 '열반'하면 '죽음'을 먼저 떠올릴 것이다. 다시 말해 열반을 '생명의 불이 꺼진 상태' 즉 죽음으로 생각하는 사람이 많을 것이다. 확실히 불교에서는 죽음을 열반이라고 부르고 있기 때문에 이 같은 이해도 틀렸다고 할 수 없다. 그렇지만 불교에서는 번뇌를 완전하게 끊은 '깨달음의 세계'를 열반이라고 한다. 열반이란 범어로 '니르바나'(nirvāṇa)를 음사한 것이다. 니르바나란 '사라지다, 없어지다'라는 뜻의 부정 접두어 '니르(nir)'에 '불타다'라는 뜻의 동사어근 √바(vā)를 명사화시킨 '아나'(ana)로 구성된 단어이다. 그래서 니르바나를 번역하자면 '불이 꺼진 상태' 또는 '열이 내려서 건강이 회복된 상태'라는 의미이다. 불은 장작이 없으면 꺼져 버리는데, 인간의 경우 장작에 해당되는 것은 탐욕(貪)·분노(瞋)·어리석음(癡)으로 대표되는 삼독三毒이고, 불은 번뇌를 상징한다. 그러므로 니르바나(열반)란 '번뇌가 사라져 괴로움이 없어진 상태'를 뜻한다. 인간에게 있어서는 근원적인 고뇌로부터 해방되어 자유자재한 경지이고, 그 경지는 '적정寂靜' 이른바 평화 그 자체이다. 그래서 '니르바나'를 중국에서는 '적멸'·'원멸圓滅' 등으로 한역하기도 한다. 구체적으로는 우리들의 미혹된 마음, 즉 '망상'·'번뇌'의 불을 끈 '대안락大安樂의 경지境地'를 말한다. 그래서 경전에서는 비유적으로 번뇌를 불로 표현한다.
 "비구들이여! 모든 것은 불타고 있다. 모든 것이 불타고 있지 않은가? 비구들이

여! 눈도 불타고, 눈이 보는 대상도 불타고, 보는 우리들의 의식도 불타고, 보는 움직임도 불타고 있다. 보는 움직임이 있기 때문에 우리들에게는 쾌감(樂), 불쾌감(苦), 어느 쪽도 아닌 감정(無記)이 일어나지만, 그것도 또한 불타고 있다. 무엇 때문에 이것들은 불타고 있는 것일까? 불타고 있는 것은 탐욕(貪)의 불 때문에, 성냄(瞋)의 불 때문에, 어리석음(癡)의 불 때문이다. 생·노·사 때문에, 걱정·슬픔·괴로움·고민·불안 때문에 불타고 있다. 귀(耳)도 불타고⋯⋯ 코(鼻)도 불타고⋯⋯ 혀(舌)도 불타고⋯⋯ 몸(身)도 불타고⋯⋯ 의식도 불타고 있다."(『율장』 대품 1, 21, 2-3)

이처럼 모든 것이 번뇌의 불에 의해 불타고 있는 것이다. 그래서 부처님께서는 우리에게 불타고 있는 것을 멀리하고 번뇌의 불을 끌 것을 권유하고 있다.

4) 구마라집(350~409)은 범어 '쿠마라지바'(Kumārajīva)를 음사한 것으로, 부친의 이름인 쿠마라(Kumāra)와 어머니의 이름인 지바(jīva)를 합쳐 지은 이름이라고 한다. 한역하면 '동수童壽'이다. 동북아시아에서는 보통 음사한 구마라집이라는 이름이 널리 알려져 있다. 그는 중앙아시아 구차국(Kucha, 龜玆) 출신으로, 그의 명성은 인도와 중앙아시아뿐만 아니라 멀리 중국에까지 알려지게 되었다. 당시 중국은 양쯔 강(장강)을 경계로 남북(남북조시대)으로 나누어져 있었는데, 양쯔 강 이북은 강북, 이남은 강남이라고 하였다. 강북은 5호16국시대로, 5호16국이란 흉노匈奴·갈羯·선비鮮卑·저氐·강羌의 다섯 오랑캐(胡, 이민족)가 잇달아 정권을 수립하여 16국으로 흥망을 되풀이하던 시기를 말한다. 그 중 전진前秦의 왕이었던 부견苻堅(338~385, 372년 순도를 파견하여 고구려에 불교를 전해줌)은 당시 최고의 학승이었던 도안道安(312~385)의 권유를 받아들여 구마라집을 초청하기 위해 장군 여광呂光으로 하여금 서역을 공략하게 하였다. 여광은 382년 장안을 떠나 여러 나라를 평정하고 서역으로 들어갔다. 드디어 구자국에 도착하여 반년간의 싸움 끝에 384년 7월 구차국을 정벌하고 구마라집을 포로로 잡았다. 그때 구마라집의 나이 35세였다. 여광은 구마라집을 포로로 잡아 귀국하던 길에 부견이 요장과의 전쟁에서 패하여 사망했다는 소식을 듣고, 군대를 양주涼州에 머물게 하고 이곳에 후량後涼이라는 나라를 세운다. 이후 여광은 399년에 죽을 때까지 14년 동안 왕으로 군림하였고, 그의 아들 여찬이 왕위를 계승하였다. 구마라집은 나이 36세에서 52세까지 16년 동안 양주에서 한자와 중국 고전을 배우며 불전을 설하였다. 그의 명성은 높아져 멀리 장안까지 알려지게 되었으며, 승예 등이 강의를 받으러 양주까지 왔다.

부견을 죽이고 후진의 왕이 된 요장이 사망한 후 그 뒤를 이은 요흥은 선왕의 뜻을 계승하여 서방으로 원정을 나가 후량을 정벌하였고, 마침내 요장 때부터 염원하였던 구마라집의 초청을 실현하게 된다. 이리하여 구마라집은 401년 12월 20일 장안에 들어와 대단한 환영을 받는다.

드디어 구마라집의 불전 번역이라는 대사업이 장안의 북쪽 소요원에 설치되어 있던 역경원에서 시작되었다. 구마라집 번역의 특색을 보면, 직역보다는 거의 창작에 가까울 정도로 의역에 치중하였으며, 특히 번역문의 간결함과 화려함이 대단하였다. 그의 제자 승조는 "문장은 간결하나 뜻이 깊고, 원문의 본뜻은 은근하나 또렷하게 드러나니, 미묘하고도 심원한 부처님 말씀이 여기서 비로소 확실해졌다"라고 하여 스승의 번역을 높이 평가하고 있다. 승조의 말처럼, 안세고와 지루가참에 의해 시작된 불전 번역은 한자 술어에 많은 혼란이 있었지만, 구마라집에 의해 거의 해소되었다.

구마라집 이전의 번역을 고역古譯, 구마라집의 번역을 구역舊譯이라고 한다. 이것은 뒷날 현장의 번역인 신역新譯과 대비되어 불린 것이다. 구마라집이 번역한 대승경전으로는 『대품반야경』·『범망경』·『묘법연화경』·『소품반야경』·『금강경』·『십주경』 등이 있고, 중관학파의 논서로는 『중론』·『백론』·『성실론』·『십주비바사론』·『용수보살전』, 계율 계통은 『십송률』·『십송비구계본율』 등이 있다.

이처럼 구마라집은 반야 계통의 경전과 용수의 중관학파(중관부)의 논서를 주로 번역하여 삼론종 성립의 근거를 마련하였다. 특히 동북아시아에서 가장 자주 독송되는 『금강경』·『아미타경』·『묘법연화경』(법화경)이 모두 구마라집의 번역인 것을 보면, 그가 동북아시아 불교계에 끼친 영향은 지대하다고 할 것이다.

5) 유식에서는 우리들의 마음을 심왕心王과 심소心所로 나눈다. 심왕은 마음의 주체적 측면인 안식·이식·비식·설식·신식·의식·말나식·아뢰야식의 8개를 말한다. 반면 심소(마음의 작용)는 심왕에서 나온 것으로 원시불교 이래 부파불교를 거쳐 정밀하게 되었으며, 대승불교에 와서는 더욱 세세하게 분석되었는데, 특히 유식사상에서는 심소를 51개로 분류하였다. 필자는 심소를 '마음의 작용'이라고 번역하지만, 심소의 정확한 이름은 '마음에 소유된 것' 즉 심소유법心所有法이다. 그래서 『성유식론』에서는 심왕과 심소의 관계를 "항상 심왕에 의지해서 일어나고 심왕과 상응하며 심왕에 계속繫屬되기 때문에 심소라고 이름한다"라고 주석하고 있다. 다시 말해 심소는 심왕인 아뢰야식, 말나식, 의식과 늘 함께 작용한다는 것이다. 그래서 심왕과 심소의 관계를 밑그림을 그리는 화가(심왕)와 화가가 그린 밑그림에 채색하는 제자(심소)로 비유하거나 또는 주체적으로 움직이는 왕(심왕)과 왕의 명령에 따라 움직이는 신하(심소)로 비유하여 설명한다.

유식사상의 대성자인 세친보살은 『유식삼십송』에서 심소를 크게는 6단계(六位)로, 구체적으로는 51개로 분류한다. 그것을 6위51(六位五十一)의 심소라고 한다. 먼저 6위六位는 여덟 가지의 마음 모두와 상응하는 심소인 '변행', 각각 별도의 대상을 가진 심소인 '별경', 선한 마음의 심소인 '선', 인간의 마음을 괴롭히는 심소인 '번뇌', 번뇌로부터 파생한 심소인 '수번뇌', 선한 마음에도 나쁜 마음(번뇌)에도 선도 나쁜 마음도 아닌 무기에도 작용하는 심소인 '부정'이다. 그리고 6위를 구체적으로 나누면 다음과 같다.

변행의 심소는 촉·작의·수·상·사의 5개, 별경의 심소는 욕·승해·염·정·혜의 5개, 선의 심소는 신·참·괴·무탐·무진·무치·근·경안·불방일·행사·불해의 11개, 번뇌(근본 번뇌)의 심소는 탐·진·치·만·의·악견의 6개이다. 수번뇌(부차적 번뇌)는 다시 소수번뇌, 중수번뇌, 대수번뇌로 나누는데, 소수번뇌는 분·한·복·뇌·질·간·광·첨·해·교의 10개, 중수번뇌는 무참과 무괴의 2개, 대수번뇌는 도거·혼침·불신·해태·방일·실념·산란·부정지의 8개이다. 그래서 수번뇌는 모두 20개이다. 마지막으로 부정의 심소는 회·면·심·사의 4개이다. 자세한 것은 필자의 졸저인 『마음공부 첫걸음』을 참조하기 바란다.

6) 고대 인도에서는 인간의 신체 내에 죽음에 이르게 하는 말마가 64개 내지 120개가 있다고 생각했다.
7) 티베트에서는 중음을 '바르도'(bardo)라고 한다. 바르도란 '사망과 탄생의 둘(do) 사이(bar)'라는 뜻이다.
8) 삼장법사 현장의 법통을 계승한 분은 법상종을 개창한 자은대사慈恩大師 규기窺基(632~682)이다. 자은대사 규기에 대해서는 많은 일화가 전해지는데, 『속고승전』에 전하는 일화를 하나 소개하겠다.

자은대사는 17살 때 현장을 만나게 되는데, 현장은 한눈에 자은대사의 뛰어남을 간파하고 자기의 제자가 될 것을 권유한다. 보통 사람 같았으면 당시 황제도 존경하는 당대 최고 스님에게 출가를 권유 받았으니 감지덕지하며 당장 출가했을 것이다. 그런데 자은대사는 현장에게 세 가지 조건을 허락하면 제자가 되겠다고 한다. 그 세 가지 조건에서 첫 번째는 출가자라면 반드시 절제하고 멀리해야 할 감각적 욕망을 끊지 않아도 된다는 조건이었다. 다시 말하면 출가해서도 여자를 만나겠다는 말이다. 두 번째 조건은 육식을 허락해 달라는 것이었다. 즉 음식에 구애 받지 않고 먹겠다는 것이다. 보다 구체적으로 말하면 고기뿐만 아니라 술도 마시겠다는 것이다. 세 번째는 공양 시간(식사 시간)을 마음대로 해 달라는 것이었다. 당시의 계율에 따르면 출가자는 12시 이후에는 음식을 먹을 수 없었다. 그런데 음식을 먹고 싶을 때 언제든지 먹겠다는 것이다. 자은대사가 제시한 세 가지 조건은 출가자가 반드시 지켜야 할 계율들이다. 자은대사는 그 계율을 무시하고 지키지 않겠다는 말도 안 되는 조건을 제시한 것이다. 그런데도 현장은 그 조건을 받아들이고 자은대사를 제자로 삼는다.

출가하여 스님이 되었지만 자은대사는 외출할 때 수레 세 대를 대동하고 다녔다고 한다. 첫째 수레에는 불교경전을 싣고, 둘째 수레에는 자신이 타고, 셋째 수레에는 음식과 기녀들을 태우고 대로를 활보했다고 한다. 그래서 당시 사람들은 그를 삼거화상三車和尙이라고 불렀다.

이런 자은대사의 행동을 보고 문수보살이 늙은 아버지로 화신하여 부처님의 가르침을 전해 주었다고 한다. 문수보살의 가르침을 듣고 자은대사는 깨달음을 얻어 마침내 모든 것을 버리고 수행에 정진하게 된다. 그리하여 현장을 도와 여러 경전과 논서를 번역한다.

9) 범어로는 마노마야카야(mano[意]-maya[生]-kāya[身])라고 하며, '생각하는 대로 생기는 몸'이라는 뜻이다.
10) 업(카르마)이란 '만들다, 행하다'라는 의미의 동사 √kr로부터 파생하였는데, 일반적으로 잠재적인 힘(力) 내지 정신적인 에너지를 의미한다. 업은 신업身業(신체적인 행위), 구업口業(언어적 행위), 의업意業(정신적인 행위)의 세 종류로 구분한다.
11) 공업이란 범어 '사다라나 카르마'(sādhāraṇa karma)의 번역으로, 각각의 살아 있는 생명이 공통으로 짓는 업을 말한다. 다시 말해 인간으로 태어나면 인간만이 짓는 나쁜 행위 또는 좋은 행위를 말한다. 불교에서는 인간의 공업에 의해 산이나 강 등의 자연계(기세간)가 만들어진다고 한다. 게다가 지옥이나 지옥의 옥졸도 지옥에 떨어진 자의 공통 업에 의해 만들어진 것이라고 한다.
12) 『구사론』에서는 중음세계의 기간에 대해 네 가지 주장을 소개하고 있다. 첫째는 비바사의 주장으로 중유는 재생을 갈구하기 때문에 단기간에 이루어진다는 설, 둘째는 유여사의 주장으로 중유는 49일(7주간)이라는 설, 셋째는 세우世友의 주장으로 중유는 7일 동안 지속하는 설, 넷째는 대덕大德의 주장으로 생유로 재생하기 위한 적절한 조건(生緣)을 만나지 못하면 중유의 상태가 계속 지속한다는 설이다.
13) 의령수衣領樹도 일본 문헌에 등장하는 것이지만, 동북아시아 불교도 대부분 받아들이고 있다.
14) 불교에서 보시는 삼자, 즉 보시하는 자, 보시를 받는 자, 보시물이 청정해야 한다고 한다. 이것을 '삼륜청정보시三輪淸淨布施'라고 한다.
15) 지옥에서 죄인을 괴롭히는 귀신을 '옥졸獄卒(naraka-pāla)이라고 한다. 귀신이라는 말은 죽은 사람의 영靈을 가리키는 한자어 귀鬼에서 온 것이다.
16) 범어 프라티목샤(prātimokṣa)의 음사로 목사(mokṣa)는 '해탈', 프라티(prāti)는 '-에 대하여, -관하여'라는 뜻인데, 한역에서는 별해탈別解脫, 보해탈保解脫이라고 한다.
17) 성에 관한 죄나 상가의 화합을 깨뜨린 자 등이다.
18) 비구가 여성과 함께할 경우의 죄로, 증인에 의해 죄가 결정되기 때문에 부정법이라고 한다.

19) 소유가 금지되어 있는 것을 소유하는 죄로, 예를 들면 보석이나 금전 등을 소유하는 경우이다.
20) 여기서 거짓말이란 "나는 해탈했다" 또는 타인에 대해서 "저 사람은 해탈했다"라고 하는 거짓말을 말한다.
21) 동북아시아 구법승(순례승)들의 여행 기록은 다음과 같은 것이 있다.
   - 법현法顯(337?~422)의 『불국기佛國記』.
   - 현장玄奘(600~664)의 『대당서역기大唐西域記』.
   - 의정義淨(635~713)의 『남해기귀내법전南海寄歸內法傳』.
   - 혜초慧超(704~787)의 『왕오천축국전往五天竺國傳』.
   법현의 구법 여행은 11년(399~410)에 걸쳐 이루어졌다. 그는 육로로 가서 해로로 귀국하였다. 사위성 기원정사에서 만난 인도 승려들의 "우리들의 여러 스승이 오늘날까지 이어오는 동안 한漢의 도인이 이곳까지 온 것은 보지 못했다"라는 기록으로 보아, 법현은 자신이야말로 중인도까지 간 최초의 중국 구법승이라는 강한 자부심을 가지고 있었던 것으로 보인다.
   현장의 구법 여행에 대해서는 필자의 졸저인 『범어로 반야심경을 해설하다』를 참조하기 바란다.
   반면 의정의 구법 활동은 18년 동안 이루어졌으며 해로를 통해 인도로 가서 해로를 통해 중국으로 귀국하였고, 혜초의 구법 활동은 4년에 걸쳐 이루어졌으며 해로를 통해 가서 육로를 통해 귀국한 것으로 추정된다. 그런데 신라 출신의 구법승 혜초의 구법 여행기인 『왕오천축국전』은 1908년 프랑스의 동양학자 펠리오(1878~1945)가 돈황의 막고 동굴에서 발견하여 세상에 알려지게 되었다. 현재 『왕오천축국전』은 프랑스 루브르 박물관에 소장되어 있다.
22) 야마와 야미 이야기가 나왔기에 인도 창조신화를 하나 소개하고자 한다. 세월(시간)이 흐르면 슬픔이나 고통이 잊힌다는 재미있는 설화이다. 대략 간추려 보면 다음과 같다.
   야마와 야미는 쌍둥이 남매였다. 둘은 남매였지만 결혼을 했다. 둘 사이에는 자식도 있었다. 그래서 최초의 인간인 야마와 야미는 인류의 조상이 된 것이다. 둘은 사이가 좋은 부부였다. 그런데 야마가 먼저 죽었다. 혼자 남은 야미는 "오늘 야마가 죽었다"라며 너무나 슬퍼했다. 슬퍼하는 야미를 볼 수가 없었던 신은 밤을 만들었다. 이때는 아직 우주에 밤이 없었다. 그러자 야미는 슬픔을 잊고서 잠을 잤다. 그렇지만 날이 새자 야미는 다시 "어제 야마가 죽었다"라면서 울었다. 그래서 신은 다시 밤을 만들었다. 그러자 야미는 슬픔을 잊고서 잠을 잤다. 날이 새자 야미는 또다시 "그저께 야마가 죽었다"라며 탄식했다. 그래서 신은 또다시 밤을 만들었다. 이렇게 하여 몇 번이고 밤이 거듭되는 동안 야미의 슬픔도 점차로 사라지게 되어, 드디어 슬픔에서 벗어나게 되었다. 이것이 '밤의 기원'

이 되었다고 한다.
23) 부동명왕은 오른손에 '구리길라'라는 보검, 왼손에는 오랏줄을 가지고 있다. 그래서 악인을 오랏줄로 묶기도 하며, 검으로 악인의 목숨을 빼앗기도 한다. 보통 부동명왕의 등 뒤는 화염火焰으로 장식되어 있다. 한국에서는 인기가 없어 조각된 상조차도 없지만, 밀교에서는 아주 중요한 숭배 대상이다.
24) 현재 전해지고 있는 『시왕경』은 『불설예수시왕생칠왕생경佛說預修十王生七經』과 『불설지장보살발심인연시왕경佛說地藏菩薩發心因緣十王經』의 두 종류가 있다. 이 두 경을 일반적으로 『시왕경』이라고 약칭하여 부른다.
25) 이것을 불교에서는 '익힐 습'(習), '합 합'(合), 즉 습합習合이라고 한다.

■ 제2장 육도윤회

1) 가티(gati)란 동사원형 √gam(가다)에서 온 말로 '가는 것, 가는 자'의 의미이다. 다시 말해 '어떤 목적을 가지고 그곳(여섯 세계)으로 가는 자'라고 해석할 수 있다. 그래서 한역에서는 '-향하여 달려가다', 즉 '업에 의해 사후로 향하여 가는 곳, 가는 장소'라는 뜻의 취趣라고 하였으며, 또는 도道라고 하였다. 이런 의미에서 여섯 세계를 6취, 6도라고 하는 것이다.
2) 윤회의 주체를 상좌부는 유분식有分識, 화지부는 궁생사온窮生死蘊, 독자부는 비즉비리온아非卽非離蘊我, 경량부는 세의식細意識 등으로 상정하였다.
3) 종자라는 말은 범어 '비자'(bīja)의 한역으로, 식물의 씨앗을 가리키는 상징적인 표현이다. 인간이 행위한 모든 것을 저장하는 마음인 아뢰야식은 땅에 비유한 것이고, 우리들이 행한 행위 결과를 종자, 즉 식물의 씨앗에 비유한 것이다. 보다 구체적으로 말하면 식물의 종자는 땅(아뢰야식) 속에 묻혀 있어 우리들의 눈에는 보이지 않지만 적당한 온도·물·햇빛 등 조건이 갖추어지면 잎을 내고 꽃을 피우거나 열매를 맺듯이, 우리도 자신의 경험을 아뢰야식에 보존하고 있다가 조건이 갖추어지면 행위로써 표면에 나타난다는 것이다. 이처럼 아뢰야식에 보존된 경험의 축적을 종자라고 한다.
아마 독자 여러분들 중에도 평소에는 아무 일 없다가 싫어하는 특정한 사람을 만나면 분노하거나, 직장이나 학교에서 라이벌을 만나면 갑자기 질투심이 끓어오르는 것을 경험한 적이 있을 것이다. 바로 이 현상이 마음(아뢰야식)에 잠재적인 힘으로 저장되어 있던 종자가 적당한 조건이나 상황을 만나 의식으로 표출된 것이라고 할 수 있다.
그런데 세친보살의 『유식삼십송』에 대한 해설서인 『성유식론』에서는 이러한 종자를 '본식(아뢰야식) 중에서 친히 결과를 생기시키는 공능'(本識中親生自果功能)

이라고 주석하고 있다. 여기서 주목할 것은 공능功能이라는 말이다. 공능이란 범어 샥티(śakti)의 번역으로 '힘' 또는 '작용' 등의 의미가 있다. 따라서 공능을 '결과를 생기시키는 힘' 또는 '결과를 창출하는 작용'으로 해석할 수 있다. 그렇다고 종자라는 말 때문에 식물의 씨앗과 같은 물리적인 힘을 연상해서는 안 된다. 종자는 어디까지나 정신적인 '힘', '활동', '에너지'를 말한다. 선한 행위를 하면 인격의 근저에 선한 행위가 축적되어 점차 선한 행위를 생기시키는 힘이 강한 인격으로 되어 가는 것이다. 반면에 악한 행위를 하면 인격의 근저에 악한 행위가 축적되어 점차 악한 행위를 생기시키는 힘이 강한 인격으로 되어 가는 것이다. 이렇듯 인간은 어떤 종자(힘)가 축적되는가에 따라 선인이 되기도 하고 악인이 되기도 하는 것이다.

4) 여기서는 유식사상의 대성자인 세친보살의 저작 『구사론』을 중심으로 불교의 세계관(기세간)을 기술하겠다. 세친보살에 대해서는 필자의 졸저인 『유식삼십송과 유식불교』와 『마음공부 첫걸음』을 참조하기 바란다.
5) 유가마(yugama)는 '쌍, 짝', 다라(dhāra)는 '가지다, 소유하다'라는 의미이다. 그래서 지쌍으로 번역하였다.
6) 『유가사지론약찬』(대정장, 43), 16a.
7) 『불조통기佛祖統記』에 지옥은 세 개가 있다고 한다. 첫째는 열熱, 둘째는 한寒, 셋째는 변邊이다. 열은 팔열지옥, 한은 팔한지옥이다. 그리고 변지옥은 세 종류가 있다. 즉 산간山間, 수간水間, 광야曠野이다. 산간은 산속의 지옥이며, 수간은 물속의 지옥, 광야는 '공허할 광'(曠), '들 야'(野) 자이기 때문에 공허한 들판의 지옥이다.
8) 오늘날에는 1년이 365일이지만, 옛날에는 1년을 360일로 계산했다.
9) 일본의 승려 겐신(源信)이 왕생극락에 관한 경전이나 논서를 모아 편찬한 저서로, 육도세계와 극락세계에 대해 자세하게 묘사하고 있다.
10) 5세기경 인도에서 편찬되어 6세기 중반 북위시대 구담반야유지(보리유지)가 한역한 경전이다. 육도세계에 대해 자세하게 서술하고 있어 동북아시아에 지대한 영향을 미쳤다.
11) 필자는 독자들이 이해하기 쉽게 부지옥을 『구사론』에서 사용한 '증增'으로 통일하여 사용했다. 오해 없기를 바란다. 구역(구마라집)에서는 '해당하는 지옥에 딸린 정원과 같다'라는 의미로 원園이라고 한다. 『정법염처경』과 『왕생요집』에서는 부지옥을 별처別處, 처處라고 한다.
12) 이런 부지옥 이외에도 중병증衆病增, 우철증雨鐵增(兩鐵增), 악장증惡杖增, 흑색서랑증黑色鼠狼增, 이이회전증異異廻轉增, 고핍증苦逼增, 발두마수증鉢頭摩鬚增, 피지증陂池增, 공중수고증空中受苦增의 부지옥이 있다. 그렇지만 『정법염처경』에는 구체적인 언급이 없고 명칭만 기록되어 있다.

13) 이 외에도 다음과 같은 부지옥이 있다. 중합지옥의 부지옥은 주로 문란한 성행위를 한 자가 떨어지는 곳이다.
   - *대량수고뇌증大量受苦惱增* 이란 대량大量의 고뇌苦惱를 받는(受) 지옥(增)이라는 뜻이다. 이곳에서 죄인은 어떤 고통을 당하는가. 이곳에서는 옥졸이 철로 만든 꼬챙이로 죄인의 온몸을 찔러 고통을 준다. 다시 말해 쇠꼬챙이로 허리, 배, 목구멍 등을 찔러 관통시킨다. 이곳에서 죄인의 악업이 다하면 어느 전생에 행한 선업으로 축생으로 태어난다고 한다. 또한 인간계에 태어나기도 하지만 고자로 태어난다고 한다. 이곳은 어떤 죄인이 떨어지는가. 문란한 성행위를 한 자나 이를 몰래 본 자들이 떨어지는 곳이다. 다시 말해 관음증 환자들이 가는 곳이다.
   - *할고증割刳增* 이란 죄인을 베고(割) 쪼개(刳)는 지옥(增)이다. 이곳은 여자의 입을 사용하게 하여 문란한 성행위를 한 자들이 떨어지는 지옥이다. 이곳의 옥졸은 죄인의 입에 정이나 못을 박아 머리나 귀, 입을 관통하게 하여 고통을 준다. 게다가 뜨거운 쇳물을 죄인의 입에 쏟아 부어 입술, 목구멍, 심장, 배, 항문을 태운다. 이곳에서 죄인의 악업이 다하면 어느 전생의 선업으로 인간계에 태어나거나 축생으로 태어나지만, 입안에서 항상 냄새가 나며 그 냄새로 사람들에게 미움을 받는다고 한다.
   - *맥맥단증脈脈斷增* 이란 죄인의 혈맥(脈)을 끊는(斷) 지옥(增)이다. 살생, 도둑질, 음란한 성행위를 즐긴 자들이 떨지는 곳이지만, 특히 강제로 여자와 관계를 한 자 즉 여자를 강간한 자가 떨어지는 곳이다. 이곳에서는 옥졸이 대통을 사용하여 죄인의 입에 녹은 구리액을 부어 넣는 고통을 준다.
   - *하하해증何何奚增* 이란 자매끼리 성행위를 한 자가 떨어지는 지옥이다. 다시 말해 근친상간을 범한 자가 떨어지는 곳이다. 이곳은 철로 된 새들이 날아와 죄인을 먹어 치운다고 한다. 게다가 그 고통의 비명소리가 5천 유순이나 떨어진 곳까지 들린다고 한다.
   - *일체근멸증一切根滅增* 이란 일체一切의 감각(根)이 멸하는(滅) 지옥(增)이다. 여성과 항문성교 즉 항문섹스를 한 자들이 떨어지는 곳이다. 이곳에서는 옥졸이 죄인의 입을 벌려 녹은 구리의 용액을 부어 넣거나 귀에 유충을 집어넣는다. 또는 개미가 죄인의 목덜미를 뜯어 먹기도 한다.
   - *무피안수고증無彼岸受苦增* 이란 피안彼岸이 없는(無) 고통(苦)을 받는(受) 지옥(增)이다. 아내 외의 여자와 성관계를 한 자가 떨어지는 곳이다. 즉 불륜을 범한 자가 떨어지는 곳이다. 이곳은 옥졸이 죄인을 불, 칼, 뜨거운 열 등으로 계속해서 고문하여 고통을 준다.

   다음에 등장하는 단증과 주주증은 짐승과 성행위(수간)를 한 자가 떨어지는 곳이다.
   - *단증團增* 이란 단단한 덩어리(團) 지옥(增)이라는 뜻이다. 이곳은 어떤 죄인이

떨어지는가. 이곳은 소나 말과 성행위를 한 자들이 떨어지는 지옥이다. 죄인이 생전에 하던 대로 소나 말을 보고 달려들어 성행위를 하려고 하면 소나 말의 몸에서 뜨거운 불길이 나와 죄인을 태운다.
• *주주증朱誅增* 이란 양이나 조랑말과 성행위를 한 자가 떨어지는 지옥이다. 이곳에서는 철로 된 개미들이 죄인의 살, 뼈, 내장, 골수 등을 먹는다고 한다. 다음의 부지옥은 출가자와 관련된 성행위를 범한 자가 떨어지는 곳이다.
• *누화출증淚火出增* 이란 출가자와 성행위를 한 자가 떨어지는 지옥이다. 이곳에는 죄인이 흘린 눈물(淚出)이 뜨거운 불(火)이 되어 죄인 자신을 불태운다. 그래서 누화출지옥이라고 한다. 또한 옥졸은 독이 묻은 나뭇가지로 죄인의 목을 찌르거나 죄인의 항문을 가위로 자른다. 그리고 그곳에 유충벌레를 집어넣는다고 한다.
• *발두마증鉢頭摩增* 이란 출가자임에도 불구하고 속가에서 사귀였던 여자를 잊지 못하고 꿈속에서 관계를 하거나 사람들에게 음욕의 공덕을 설한 자가 떨어지는 곳이다. 발두마鉢頭摩란 범어 '파드마'(padma)의 음사로 연꽃이라는 의미이다. 이곳에서는 옥졸이 죄인을 병 속에 넣어 삶거나 쇠로 된 절굿공이로 찧는다. 그러면 너무나 괴로운 죄인이 주위를 둘러보며 피할 곳을 찾는다. 마침 주변에 연못과 그 속에 있는 연꽃이 보인다. 그곳에 가면 고통을 면할 수 있다는 생각에 죄인은 달려가는데, 지면에 깔아 놓은 바늘 때문에 다리가 찢겨 나간다. 고통을 참고 겨우 연못에 도착하면 기다리고 있던 옥졸이 칼이나 도끼로 죄인의 몸을 산산조각 낸다.
아래의 부지옥은 출가자 행세를 하며 음탕한 생각을 품은 자들이 떨어지는 곳이다.
• *대발두마증大鉢頭摩增* 이란 출가자가 아님에도 불구하고 출가자 행세를 하며 계를 지키지 않은 자가 떨어지는 지옥이다. 이곳의 넓이는 500유순, 길이는 100유순이다. 이 지옥에서는 뜨거운 쇳물로 된 강에 옥졸이 죄인을 집어넣으면 살점은 뿔뿔이 흩어지며, 뼈는 돌로, 몸은 진흙으로 변한다. 게다가 재생하면 물고기가 되어 새에게 잡아먹힌다.
• *화분증火盆增* 이란 출가자가 아님에도 출가자 행세를 하며 여자에게 관심을 가지거나 돈이나 재산에 집착하여 정법을 행하지 않은 자가 떨어지는 곳이다. 이 지옥에서는 옥졸이 죄인의 몸을 불로 태우는데, 죄인이 고통스러워 소리를 지르면 불이 입, 코 등 죄인의 몸속으로 들어가 뼈까지 태운다.
• *철말화증鐵末火增* 이란 철鐵의 가루(末)로 된 불(火)의 지옥(增)이다. 이곳은 어떤 죄인이 떨어지는가. 이곳은 출가자가 아님에도 출가자 행세를 하며 여자의 춤추는 모습이나 웃는 모습, 장식품에 마음이 이끌려 음탕한 상상을 한 자가 떨어지는 지옥이다. 이곳에 오는 죄인을 500유순이나 되는 철로 된 벽에 가두고 철로 된 비를 내리게 한다.

14) 호규지옥號叫地獄을 '부르짖을 호'(嘷), '부르짖을 규'(叫) 자를 써서 호규지옥嘷叫地獄이라고도 한다.
15) 규환지옥은 본문에서도 설명했지만, 술과 관련하여 죄를 지은 자들이 떨어지는 곳이다. 규환지옥의 부지옥은 다음과 같다.
   • *대후중大吼增*이란 '큰 대'(大), '울 후'(吼)로 '크게 고통스럽게 울부짖는' 지옥이다. 이곳은 어떤 죄인이 떨어지는가. 이곳은 청정하게 계를 지키고 있는 사람에게 강제로 술을 마시게 한 자가 떨어지는 지옥이다. 이곳은 술을 싫어하는 사람에게 강제로 술을 마시게 한 것처럼 옥졸이 죄인에게 끓인 백밀을 강제로 마시게 한다. 게다가 이곳은 옥졸이 죄인을 절구로 찧는다. 그러면 그 고통 소리가 지옥, 철위산, 섬부주에까지 두루 울려 퍼진다. 죄인이 소리를 지르면 옥졸은 더욱더 괴롭힌다. 지옥에서 악업이 다해 인간이나 축생으로 태어나도 물이 적은 곳에 태어난다고 한다.
   • *보성중普聲增*이란 죄인의 고통스러워하는 소리(聲)가 두루(普) 퍼진다는 의미로 보성지옥이라고 한다. 이곳은 수행 중에 마음이 느슨하게 되어 술을 마신 자나 스스로 즐겁게 술을 마신 자, 또는 금방 수계를 받은 자에게 무리하게 술을 마시게 한 자들이 떨어지는 지옥이다. 이곳은 옥졸이 죄인을 철로 된 막대기로 때린다. 그러면 죄인의 고통스러워하는 소리가 지옥뿐만 아니라 철위산 주변의 모든 세계에 울려 퍼진다고 한다.
   • *발화유증髮火流增*이란 오계를 지키고 있는 사람에게 술을 주어 계를 파괴하게 만든 자들이 가는 지옥이다. 이곳에서는 어떤 형벌을 받는가. 이곳에서는 옥졸이 죄인을 항상 불태우며, 뜨거운 철로 된 개가 죄인의 다리를 물며, 철로 된 부리를 가진 독수리가 죄인의 두개골을 열어 척수를 마시며, 늑대들이 죄인의 내장을 먹어 치운다.
   • *열철화저중熱鐵火杵增*이란 뜨거운(熱) 철鐵로 된 불(火)의 지팡이(杵)로 죄인을 때리는 지옥(增)이다. 이곳은 새나 짐승에게 술을 먹여 취하게 한 다음 잡아서 살해한 자가 떨어지는 지옥이다. 이곳은 옥졸이 철로 된 막대기(鐵杵)로 죄인을 쫓아와 몸을 모래처럼 부순다. 그리고 죄인이 재생하면 칼로 죄인의 살점을 조금씩 베어 낸다. 전생의 조그만 선업 덕분에 인간으로 태어나지만, 병에 걸려도 간호해 주는 사람이 없으며 늘 곤궁하게 살게 된다고 한다.
   • *우염화석증雨炎火石增*이란 붉게 타오르는 불꽃(炎火)을 발하는 돌(石)의 비(雨)가 죄인들을 공격하여 죄인을 살해하는 지옥이다. 이곳은 여행객에게 술을 마시게 하여 돈을 빼앗은 자나 코끼리에게 술을 마시게 하여 난폭하게 한 자가 떨어지는 지옥이다. 이곳에서는 옥졸이 녹은 구리와 피가 섞인 강에 죄인들을 흘러가게 하여 죄인의 몸을 굽는다. 게다가 전신에서 불꽃을 발하는 거대한 코끼리가 죄인을 밟아 가루로 만든다고 한다. 전생의 조그만 선업 덕분에 인간으로

태어나더라도 코끼리를 죽이는 집에 태어나 코끼리에게 밝혀 죽는다고 한다.
• 살살증殺殺增이란 정숙한 여자에게 술을 마시게 하여 정신을 혼미하게 만들어 관계를 한 자가 떨어지는 지옥이다. 이곳에서는 옥졸이 갈고리로 죄인의 남근을 뽑는다. 죄인의 남근이 재생하면 다시 뽑는다. 죄인이 도망가면 이번에는 철로 된 입과 발톱을 가진 새, 독수리, 매의 무리가 날아와 죄인을 먹어 치운다.
• 철임광야증鐵林曠野增이란 술에 독약을 타서 타인(원수)에게 마시게 한 자가 떨어지는 지옥이다. 죄인을 뜨거운 철로 된 바퀴에 매달아 돌리고 쇠로 된 활로 쏘아 죄인의 몸을 겨자씨처럼 가루로 만든다. 전생의 조그만 선업으로 인간으로 태어나지만, 뱀에게 물려 죽는다고 한다.
• 보암증普闇增이란 무지한 사람에게 비싸게 술을 판매한 자가 떨어지는 지옥이다. 이곳은 칠흑 같은 어둠 속에서 옥졸이 죄인의 몸을 때려서 산산조각 낸다. 지옥의 악업이 다하고서 먼 과거의 전생의 선업 덕분에 인간으로 태어나도 배고픔과 갈증에 시달린다고 한다.
• 염마라차광야증閻魔羅遮曠野增이란 병자나 임산부에게 술을 마시게 하여 그들의 재산이나 음식물을 뺏은 자가 떨어지는 지옥이다. 이곳은 죄인이 머리부터 발까지 불타고 있으며 옥졸이 칼로 죄인의 발부터 머리까지를 자른다. 전생의 조그만 선업 덕분에 인간으로 태어나더라도 변방에 태어나 돼지를 기르며 산다고 한다.
• 검림증劍林增이란 들판을 여행하는 사람을 속여 만취시키고 소지품이나 목숨을 앗아 간 사람이 떨어지는 지옥이다. 이곳은 불타는 돌 비, 끓는 피와 구리액의 강에 죄인을 밀어 넣어 옥졸이 칼로 찌르거나 도끼깨로 때린다. 게다가 지옥의 악업이 다하고서 먼 과거의 전생의 선업 덕분에 인간으로 태어나도 화를 잘 내고 질투가 심한 사람으로 태어난다고 한다.
• 대검림증大劍林增이란 외만 광야의 도로에서 술을 판매한 자가 떨어지는 지옥이다. 이곳은 높이 1유순의 검으로 된 나무숲이 있고, 옥졸이 지키고 있다. 검으로 된 나무의 줄기는 화염에 싸여 있고, 잎은 날카로운 칼날로 되어 있어, 나무를 흔들 때마다 칼이 무수히 떨어져 아래에 있는 죄인의 몸을 자른다. 죄인이 도망치고 싶어도 밖에 옥졸이 지키고 있어 도망갈 수도 없다. 또한 지옥의 악업이 다하고서 먼 과거의 전생의 선업 덕분에 인간으로 태어나도 심한 병을 앓는다고 한다.
• 파초연림증芭蕉烟林增이란 정숙한 부인에게 몰래 술을 마시게 하려고 한 사람이 떨어지는 지옥이다. 이곳은 연기가 가득하여 앞이 보이지 않고, 바닥은 달군 철판이 있어 죄인을 구워버린다. 지옥의 악업이 다하고서 먼 과거의 전생의 선업 덕분에 인간으로 태어나도 수명이 짧다고 한다.
• 연화림증煙火林增(有煙火林增)이란 악인을 꾀어 술을 주고 미워하는 상대에게

복수하게 만든 자가 떨어지는 지옥이다. 이곳에서는 열풍을 뿜어 다른 죄인과 공중에서 서로 부딪치게 하여 죄인의 몸을 모래처럼 가루로 만든다.
- *분별고증分別苦增* 이란 아랫사람에게 술을 주어 용기를 불러일으킨 뒤 동물을 살해하게끔 시킨 사람이 떨어지는 지옥이다. 이곳에는 옥졸이 다양한 고통을 준 다음, 죄인에게 설교하여 반성하게 한다.

16) 본문에서 설명했지만 대규환지옥은 살생, 도둑질, 사음, 음주뿐만 아니라 거짓말을 한 자가 떨어지는 지옥이다. 대규환지옥의 부지옥은 다음과 같다.
- *후후증吼吼增* 이란 울부짖는 지옥이라는 뜻이다. 이곳은 은혜를 원수로 갚은 자나 자신을 신뢰해 주는 오랜 친구에게 거짓말을 한 자들이 떨어지는 지옥이다. 이곳에는 옥졸이 죄인의 턱에 구멍을 뚫어 혀를 빼고서, 그곳에 독이 든 진흙을 발라 구운 후에 독충을 집어넣는 고통을 준다.
- *수고무유수량증受苦無有數量增* 이란 헤아릴 수(數量) 없는(無有) 고통(苦)을 받는(受) 지옥(增)이라는 뜻이다. 이곳은 거짓말로 날조하여 상사를 위험에 빠뜨린 사람이 떨어지는 지옥이다. 이곳의 죄인은 굶주림과 목마름의 고통, 위안과 희망이 없는 고통, 벼랑에서 떨어지는 고통 등 수많은 고통을 당한다. 특히 옥졸에게 맞아 죄인이 상처가 나면 그 상처 난 곳에 풀을 심는데, 풀이 자라면 옥졸이 그 뿌리를 뽑아 버린다고 한다. 지옥의 악업이 다하고서 먼 과거의 전생의 선업 덕분에 인간으로 태어나도 목이나 입병으로 고통을 당하며, 항상 가난하게 지내거나 남에게 구걸하며 살아야 한다고 한다.
- *수견고뇌불가인내증受堅苦惱不可忍耐增* 이란 참을 수 없는 고뇌를 받는 지옥이다. 이곳은 자신이 모시는 상사나 윗사람에게 자신의 보신을 위해 거짓말을 한 자 또는 그 지위를 이용하여 거짓말을 한 자가 떨어지는 지옥이다. 이곳에서는 죄인들의 체내에 뱀이 돌아다니며 내장 등을 파먹는다. 그 고통은 너무 괴로워 참을 수 없으며, 끝없이 반복된다. 지옥의 악업이 다하고서 먼 과거의 전생의 선업 덕분에 인간으로 태어나도 불치병에 걸린다고 한다.
- *수의압증隨意壓增* 이란 다른 사람의 재산(논밭)을 빼앗기 위해 거짓말을 한 자가 떨어지는 지옥이다. 옥졸은 마치 대장장이가 칼을 만들 때처럼 죄인을 철 위에 세워 굽는다. 그리고 난 뒤 풀무로 화력을 강하게 하여 철퇴로 죄인의 몸을 때려 늘려서 병 속에 넣어 단단하게 하여 또다시 불로 굽는다. 지옥의 악업이 다하고서 먼 과거의 전생의 선업 덕분에 인간으로 태어나도 남의 말을 믿지 못하는 불신으로 살아가는 고통을 당한다. 남의 말을 믿지 못하면 얼마나 괴로울 것인가!
- *일체암증一切闇增* 이란 부녀자를 범하여 재판을 받으면서 재판장에게 거짓말을 하고 오히려 상대 부녀자를 범죄자로 만든 자가 떨어지는 지옥이다. 옥졸이 죄인의 머리를 찢고 혀를 빼서 그것을 뜨거운 칼로 자른다. 죄인의 혀가 재생하

면 앞의 형벌을 끝없이 반복한다. 지옥의 악업이 다하고서 먼 과거의 전생의 선업 덕분에 인간으로 태어나도 장님이나 귀머거리로 살아야 한다고 한다.
- *인암연증人闇煙增* 이란 충분한 재산이 있음에도 재산이 없다고 거짓말을 하고서 받을 자격이 없는 사람들과 함께 나눈 자가 떨어지는 지옥이다. 이곳의 옥졸은 죄인의 몸을 잘게 자른다. 죄인이 다시 살아나면 또다시 죄인의 몸을 자른다. 또한 뼛속의 벌레가 죄인의 내장 등을 먹어 치운다. 지옥의 악업이 다하고서 먼 과거의 전생의 선업 덕분에 인간으로 태어나도 남의 말을 믿지 않아 누구도 사랑할 수 없다고 한다.
- *여비충타증如飛虫墮增* 이란 다른 사람들(출가자)에게 얻은 물품을 고가에 판매하고 게다가 벌이가 없었다고 거짓말을 하며 오직 자신만 돈벌이를 한 자가 떨어지는 지옥이다. 이곳에서는 철로 된 개가 죄인의 내장을 뜯어 먹으며, 옥졸이 죄인을 도끼로 잘라 저울에 달아 개들에게 먹인다. 지옥의 악업이 다하고서 먼 과거의 전생의 선업 덕분에 인간으로 태어나도 가난한 집에 태어나며 화재를 당한다고 한다.
- *사활등증死活等增* 이란 출가자가 아닌데도 출가자 모습을 하고서 사람을 속여 강도짓을 한 자가 떨어지는 지옥이다. 옥졸에게 시달리는 죄인들 앞에 푸른 연꽃의 숲이 보인다. 그러면 죄인은 그곳에 구원을 요청하기 위해 달려가지만 도리어 불길에 뛰어 들게 된다. 또한 죄인은 눈과 양손과 양다리가 묶여 저항하지 못한 채 구워져 살해당한다. 이곳은 죽었다가 다시 살아나는 것을 반복하기 때문에 사활등지옥이라고 한다.
- *이이전증異異轉增* 이란 거짓말로 사람들의 승패를 갈리게 하거나, 해롭고 이롭게 하거나, 죽고 살게 한 자 또는 용한 점쟁이가 제대로 점을 쳐서 세상 사람들에게 신용을 얻었음에도 거짓 운세로 훌륭한 인물을 잃게 만든 자가 떨어지는 지옥이다. 죄인의 눈앞에 부모, 처자, 친구 등의 환상이 나타나자, 죄인은 그들을 구하기 위해 달려가지만 곧 염열의 강에 떨어진다. 재생하여 강에서 나오면 다시 같은 환상이 나타나고, 그들을 구하러 달려가면 철로 된 갈고리에 몸이 찢긴다. 지옥의 악업이 다하고서 먼 과거의 전생의 선업 덕분에 인간으로 태어나도 불구자가 되거나 자신이 하는 일은 모두 헛되어 아무 것도 손에 넣을 수 없다고 한다.
- *당희망증唐希望增* 이란 질병으로 고통 받고 생활에 곤란한 사람이 도움을 요청하였음에도 말로만 도와주겠다고 하고 아무것도 도와주지 않은 자가 떨어지는 지옥이다. 죄인의 눈앞에 맛있는 요리가 등장하자, 그것을 먹기 위해 갈고리에 찔려 가면서 달려가 보면, 요리로 보였던 것은 뜨거운 분뇨의 연못이다. 그리고 죄인은 그 속에 빠져 고통을 당한다. 또한 밤이슬을 피할 수 있는 집을 빌려주겠다고 약속해 놓고 빌려주지 않은 자는 깊이 50유순의 병 속에 거꾸로 매달려

고열의 쇳물에 담기는 고통을 당한다. 지옥의 악업이 다하고서 먼 과거의 전생의 선업 덕분에 인간으로 태어나도 남의 종으로 태어나 늘 주인에게 꾸지람을 듣고 산다고 한다.

- *쌍핍뇌증雙逼惱增* 이란 마을 회의 등에서 거짓말을 한 자 또는 다른 사람을 흠담하여 집단의 화합을 깬 자가 떨어지는 지옥이다. 이곳은 뜨거운 송곳니를 가진 사자가 죄인을 입안에 넣어 여러 번 씹어 고통을 준다. 사자는 이것을 끝없이 되풀이하여 죄인에게 고통을 준다. 지옥의 악업이 다하고서 먼 과거의 전생의 선업 덕분에 인간으로 태어나도 뱀에게 물리거나 짐승들에게 잡아먹힌다고 한다.
- *질상압증迭相壓增* 이란 부모, 형제, 친척 등이 싸우고 있을 때, 자신의 가까운 사람이 이길 수 있도록 거짓말을 한 자가 떨어지는 지옥이다. 이곳에서는 죄인에게 속았다는 것을 알아차린 자들이 죄인의 살을 가위로 잘라 자신의 입안에 넣어 씹는다. 지옥의 악업이 다하고서 먼 과거의 전생의 선업 덕분에 인간으로 태어나도 항상 남에게 재산을 빼앗기는 고통을 당한다고 한다.
- *금강취오증金剛嘴烏增* 이란 질병으로 고통을 받고 있는 사람(출가자)에게 약을 준다고 해 놓고 주지 않은 자가 떨어지는 지옥이다. 금강金剛의 부리(嘴)를 가진 까마귀(烏)가 죄인의 살점을 먹는다. 살점이 되살아나면 다시 까마귀가 죄인을 쪼아 먹는 것을 되풀이한다. 지옥의 악업이 다하고서 먼 과거의 전생의 선업 덕분에 인간으로 태어나도 다른 사람과 자주 싸우지만 늘 지며, 세상 사람들이 아무도 그의 말을 믿어 주지 않는다고 한다.
- *화만증火鬘增* 이란 법회 중에 법(부처님의 가르침)을 위반해 놓고 시치미를 뗀 자가 떨어지는 지옥이다. 옥졸이 철판과 철판 사이에 죄인을 밀어 넣고서 반복해서 문질러 고통을 준다. 지옥의 악업이 다하고서 먼 과거의 전생의 선업 덕분에 인간으로 태어나도 말을 더듬어 아무도 그의 말을 알아들을 수 없게 된다고 한다.
- *수봉고증受鋒苦增* 이란 보시를 하겠다고 말해 놓고 보시를 하지 않은 자 또는 보시의 내용에 트집을 잡은 자가 떨어지는 지옥이다. 이런 죄인을 옥졸이 쇠로 된 바늘로 혀와 입을 찔러 고통을 준다. 그래서 날카로운 칼끝(鋒), 즉 바늘로 고통(苦)을 받는(受) 지옥이라고 한다.
- *수무변고증受無邊苦增* 이란 배의 책임자(선장)이면서 해적과 결탁하여 배에 타고 있는 상인들의 재산을 빼앗은 자가 떨어지는 지옥이다. 옥졸이 철로 된 뜨거운 젓가락으로 죄인의 혀를 뽑는다. 그렇지만 아무리 혀를 뽑아도 혀는 다시 살아난다. 그때마다 옥졸이 다시 죄인의 혀를 뽑는다. 또 옥졸이 죄인의 눈을 뽑거나 칼로 살점을 도려내기도 한다. 또한 벌레가 죄인의 내장을 먹는다고 한다.
- *혈수식증血髓食增* 이란 권력을 가진 위치(대통령이나 국회의원, 고급관료 등)

에 있으면서 국민들로부터 세금을 충분히 거두었는데도 아직 부족하다고 거짓말을 하여 더 많은 세금을 거둔 자가 떨어지는 지옥이다. 옥졸이 죄인의 손발을 묶어 나무에 거꾸로 매달아 놓으면 금강의 부리를 가진 까마귀가 와서 발을 쪼아 먹는다. 까마귀가 죄인의 발을 쪼아 먹으면 피와 골수가 흐르게 되는데, 죄인은 자신의 몸을 타고 내리는 피와 골수를 먹어야 한다. 그래서 혈수식지옥이라고 한다.
- 십일염증十一炎增 이란 높은 지위(판사나 검사, 고급관료)에 있어 다른 사람들로부터 신뢰를 받고 있으면서 인정에 치우쳐 부당하게 일을 처리한 자나 판결을 한 자가 떨어지는 지옥이다. 이곳은 시방十方에서 뜨거운 불꽃이 뿜어 나와 죄인을 굽는다. 그리고 굶주림과 갈증의 고통을 받거나 혀로 거짓말을 했기 때문에 그 혀를 불태우는 고통을 준다고 한다.

17) 초열지옥의 부지옥은 다음과 같다.
- 대소증大燒增 이란 '살생을 하면 천상에 태어난다'는 사견을 설한 자가 떨어지는 지옥이다. 이곳은 죄인의 몸에서 '후회의 불꽃'이 생겨 내장을 태운다. 그래서 '큰 대'(大), '태울 소'(燒), 즉 죄인을 심하게 태우는 지옥이다.
- 분도리가증分荼梨迦增 이란 '굶어서 자살하여도 천상에 오를 수 있다'고 말한 자가 떨어지는 지옥이다. 몸 안에서 불꽃이 뿜어 나오는 고통을 당하고 있는 죄인의 귀에 "여기는 분도리가의 연못이다. 물을 마실 수 있다"라는 소리가 들린다. 그 소리에 죄인이 연못에 뛰어들지만 그곳은 물이 아니라 화염 속이다.
- 용선증龍旋增 이란 '탐진치의 삼독을 끊으면 열반에 들 수 있다는 것은 거짓말'이라고 말한 자 또는 예의나 예절의 의미를 이해하지 못한 자가 떨어지는 지옥이다. 이곳은 몸에서 독을 방출하는 악룡惡龍이 죄인의 주위를 격렬하게 돈다. 그러면 녹독과 회전의 마찰로 인하여 죄인의 몸은 너덜너덜하게 부수어진다.
- 적동미니어선증赤銅彌泥魚旋增 이란 '세상에 존재하는 모든 것은 대자재천(인도 최고신)이 만든 것으로, 윤회전생은 없다'고 말한 자가 떨어지는 지옥이다. 이곳에서는 붉은 철(赤銅)로 된 물고기(彌泥魚)가 뜨거운 구리즙의 바다에 빠져 있는 죄인의 상반신을 씹어 먹고, 죄인의 하반신은 구리의 바다에서 불태운다. 또는 바다의 벌레에게 잡아먹힌다. 이곳의 악업이 다하면 벗어났다 하더라도 300년 동안 희망아귀로 지낸다. 아귀도에서 벗어나더라도 축생으로 태어나 굶주림과 추위 등에 시달린다. 또한 인간으로 태어나더라도 험악한 장소에 태어난다고 한다.
- 철확증鐵鑊增 이란 '쇠 철'(鐵), '가마솥 확'(鑊)으로, 쇠로 된 가마솥의 지옥이라는 뜻이다. 이곳은 '비록 살인을 저질러도, 만약 그 살해당한 사람이 천상에 다시 태어나면 살인도 나쁘지 않다'라고 말한 자가 떨어지는 지옥이다. 이곳의 옥졸은 10유순이 되는 여섯 개의 거대한 가마솥에 죄인을 삶는다.

미주 211

- 혈하표증血河漂增 이란 몇 번이고 계를 범하고서 '고행하면 모든 죄가 용서되므로 상관없다'고 생각하여 자신의 몸을 해치는 고행을 한 자가 떨어지는 곳이다. 다시 말해 고행주의자가 떨어지는 지옥이다. 죄인은 피(血)의 강(河)에서 표류(漂)하게 되는데, 강에 살고 있는 둥근 벌레가 죄인을 사로잡아 불태운다.
- 요골수충증饒骨髓虫增 이란 지금보다 나은 세계, 즉 천계나 인간계에 다시 태어나는 것을 갈구하여 계를 어기고, 소의 배설물(인도에서는 소의 배설물이 연료이다)에 불을 붙여 스스로의 몸을 태워 죽은 자가 떨어지는 지옥이다. 죄인은 옥졸에게 철로 된 절구로 맞아 밀랍처럼 되며, 전생의 죄 때문에 벌레가 되어 지옥에 떨어진 자들과 함께 섞여 고기밥이 된다. 벌레(虫)가 죄인의 골수骨髓를 먹기 때문에 붙여진 이름이다.
- 일체인숙증一切人熟增 이란 사교를 믿고 천계로 전생하기 위해 산림이나 풀숲 등에 방화한 자가 떨어지는 지옥이다. 옥졸이 죄인의 눈앞에서 가족이나 친구 등 소중한 사람들이 구워지는 것을 보여 주어, 죄인에게 정신적인 고통을 준다. 이처럼 죄인이 아는 모든 사람(처자식, 부모, 친척, 친구 등)이 불에 타는 고통의 소리를 듣게 하는 괴로움을 주기 때문에 '일체인숙지옥'이라고 한다.
- 무종몰입증無終沒入增 이란 '동물과 인간을 태워 죽인 것은 부처를 기쁘게 했다는 이유로 행복을 얻을 수 있다'고 생각하여 실행한 자가 떨어지는 곳이다. 죄인을 타오르는 거대한 산에 오르게 하여 손, 발, 머리, 허리, 눈, 뇌 등을 분해하여 각각 불태운다. 불타는 철산에 죄인을 빠뜨려(沒入) 끊임없이(無終) 고통을 주기 때문에 붙여진 이름이다.
- 대발특마증大鉢特摩增 이란 '출가자에게 식사를 제공하는 커다란 재(大齋)를 하는 중에 살인을 하면 소망이 이루어진다'고 생각하여 실행한 자가 떨어지는 지옥이다. 죄인을 크고(大, mahā) 긴 가시가 많은 붉은 연꽃(鉢特摩, padma) 속에 떨어뜨려 죄인의 전신을 꼬치로 찔러 고통을 주기 때문에 대발특마지옥이라고 한다.
- 악함인증惡䑛忍增 이란 '익사하면 나라연천那羅延天(범어로 나라야나데바nārāyaṇa-deva)라고 하는데, 인도신화에서는 비슈누 신, 불교에서는 수호신인 금강역사)에 전생하여 영원히 그 세계에 살 수 있다'고 말한 자가 떨어지는 지옥이다. 옥졸들이 죄인에게 "저 큰 산을 넘으면 고통을 받지 않는다"라고 말한다. 그렇지만 옥졸의 말대로 하면 죄인은 산 너머의 깎아지는 절벽에서 떨어져 절벽 아래의 바위 칼에 박히는 고통을 당한다.
- 금강골증金剛骨增 이란 '세상에 있는 모든 것은 인연과는 관계없이 생기거나 멸하기 때문에 불법을 믿는 것은 바보스러운 짓'이라고 말한 자가 떨어지는 지옥이다. 옥졸이 칼로 죄인의 살점을 도려내어 뼈만 남기면, 그 뼈(骨)는 금강金剛처럼 굳어버린다. 그러면 죄인에게 속은 자들이 나타나 그 뼈를 손에 넣으려고

서로 다툰다.
- 흑철승표도해수고증黑鐵繩標刀解受苦增 이란 '인간의 선이나 악 등은 모두 인연에 의해 정해져 있어 바꿀 수 없으므로 열심히 노력해도 무의미하다'고 말한 자가 떨어지는 지옥이다. 옥졸이 죄인을 흑철黑鐵로 된 밧줄(繩)로 묶어 발에서 머리까지 칼(刀)로 잘라(標解) 고통(苦)을 주기(受) 때문에 흑철승표도해수고지옥이라고 한다.
- 나가충주악화수고증那迦虫柱惡火受苦增 이란 '이 세계는 이승도 저승도 존재하지 않는다'고 말한 자가 떨어지는 곳이다. 죄인의 머리를 대못으로 관통시켜 그대로 땅에 박는다. 그 후 죄인의 몸에서 벌레(那迦虫)가 나와 죄인의 피를 빨아먹고 살점도 먹는다. 전생의 조그만 선행 덕분에 아귀로 태어나더라도 식분아귀(똥오줌을 먹는 아귀)로 태어나 고통을 받는다.
- 암화풍증闇火風增 이란 '세상에 존재하는 것은 무상한 것이 아니라 불변하는 것'이라고 말한 자가 떨어지는 지옥이다. 즉 상주론자가 떨어지는 지옥이다. 악풍이 불어 죄인을 날려 바람의 소용돌이 속에서 계속 돌게 한다. 때때로 강풍이 불면 죄인의 몸이 깨어져 모래처럼 된다. 전생의 조그만 선업으로 아귀로 태어나지만, 식분아귀로 태어나 고통을 당한다.
- 금강취봉증金剛嘴蜂增 이란 '인간계는 인연에 의해 발생했기 때문에 모든 것은 인연에 의해 결정된다'고 말한 자가 떨어지는 지옥이다. 이곳에서는 옥졸이 죄인의 살점을 가위로 조금씩 잘라 먹는다. 게다가 금강과 같은 침을 가진 벌이 죄인을 끊임없이 쏘아 고통을 주기 때문에 금강취봉지옥이라고 한다.

18) 아비지옥의 부지옥은 다음과 같다.
- 오구증烏口增 이란 아라한을 죽인 자가 떨어지는 지옥이다. 이곳에서는 옥졸이 죄인을 까마귀의 입(烏口)처럼 찢어 닫지 못하도록 한 뒤, 흑회강黑灰江(검은 재가 흐르는 강)에 집어넣어 끓는 진흙 재를 입에 넣는다. 그러면 뜨거운 진흙 재의 강에 빠진 죄인은 진흙 재의 열로 인하여 이, 목구멍, 내장까지 타는 고통을 받는다. 악업이 다하더라도 아귀로 천년 동안 고통을 받으며, 축생(지렁이, 도마뱀, 코끼리 등)으로 태어나기도 하고, 인간으로 태어나더라도 태아 상태로 죽거나 걷기도 전에 죽는다고 한다.
- 일체향지증一切向地增 이란 존경받는 비구나 아라한을 강간한 자가 떨어지는 지옥이다. 죄인의 머리를 위아래로 빙글빙글 돌리면서 불에 태우거나 또는 잿물이 끓고 있는 쇠솥에 집어넣어 삶는 고통을 준다. 악업이 다하더라도 아귀로 태어나 굶주림과 목마름의 고통을 천년 동안 당하며, 또한 새·여우 등의 축생으로 태어나기도 하고, 인간으로 태어나더라도 고자로 태어난다고 한다.
- 무피안상수고뇌증無彼岸常受苦惱增 이란 피안(쉼) 없이(無彼岸) 항상(常) 고통을 받는(受苦惱) 지옥이라는 의미이다. 이곳은 술에 취해 어머니를 범한 자 또는 그

렇게 하도록 시킨 자가 떨어지는 지옥이다. 철로 된 갈고리로 옥졸이 죄인의 생식기를 배꼽으로 꺼내 날카로운 가시로 찌른다. 그 후에 죄인의 배꼽이나 코에 철못을 박거나 입에 고열의 철물을 부어 고통을 준다. 악업이 다하여 인간으로 태어나더라도 정숙하지 못한 아내를 만나고, 남의 아내를 범하다가 발각되어 고통을 당하며, 길거리나 무덤 근처에서 죽는다고 한다.

- *야간후증野干吼增* 이란 선지식, 깨달은 자, 아라한 등을 비방(誹謗)한 자가 떨어지는 지옥이다. 야간野干이란 범어 스리갈라(śṛgāla)의 번역이며, 음사하여 실가라悉伽羅 또는 야간夜刊이라고 한다. 동북아시아에서는 여우 내지 늑대를 지칭하지만, 일반적으로는 자칼이다. 이곳에서 죄인은 어떤 고통을 당하는가. 철의 입을 가지고 불을 토하는 여우가 죄인의 손, 발, 혀 등을 차례로 뜯어 먹는다. 지옥의 악업이 다하여 인간으로 태어나더라도 문둥이나 벙어리로 태어난다고 한다.
- *신양증身洋增* 이란 부처님께 바친 재물을 훔친 자가 떨어지는 지옥이다. 이곳에는 타오르는 두 개의 거대한 철 나무 사이에 지옥이 있는데, 바람이 불어 철 나무가 흔들려 서로 스칠 때마다 그 사이에 있는 죄인은 산산조각이 난다. 조각난 죄인의 살점은 금강의 부리를 가진 새가 먹는다.
- *몽견외증夢見畏增* 이란 출가자의 음식을 빼앗아 굶주리게 한 자가 떨어지는 지옥이다. 이곳에서는 옥졸이 죄인을 철의 상자 안에 앉게 하여 절구봉으로 찧어 고깃덩어리로 만든다.
- *신양수고증身洋受苦增* 이란 불자가 출가자나 병자에게 보시한 재물을 출가자라고 속이고 빼앗은 자가 떨어지는 지옥이다. 이곳은 높이가 100유순이나 되는 불타고 있는 철 나무 아래에 있는 지옥으로, 세상의 모든 병(404종류)이 죄인을 괴롭힌다. 게다가 옥졸이 칼로 죄인의 혈맥을 끊어 고통을 준다. 지옥의 악업이 다하더라도 연기만 먹을 수 있는 아귀로 태어나 700년 동안 고통을 당하며, 인간으로 태어나더라도 막노동을 하며 생계를 유지하고 배부르게 먹지 못하는 삶을 산다고 한다.
- *성만증星蠻增* 이란 수행 중에 굶고 있는 출가자(멸진정)에게서 음식을 빼앗은 자가 떨어지는 지옥이다. 이곳에서는 죄인을 구리액이 들어 있는 솥에 집어넣어 삶는다. 지옥의 악업이 다하여 축생(사슴)으로 500년 동안 지내며, 인간으로 태어나도 남의 심부름만 하고 산다.
- *고뇌급증苦惱急增* 이란 불교의 가르침을 전하기 위한 책이나 그림 등을 왜곡시키거나 파괴한 자가 떨어지는 지옥이다. 이곳에서는 옥졸이 죄인의 두 눈에 녹은 구리를 붓는다. 또한 몸에도 구리액을 차례차례로 부어 고통을 준다.
- *취기부증臭氣覆增* 이란 출가자의 논밭과 과수원, 물건을 태운 자가 떨어지는 지옥이다. 이곳에 떨어진 죄인은 무수한 바늘이 심어져 있고 불타오르는 그물에 잡혀 온몸이 찔리는 고통을 당한다. 지옥의 악업이 다하여 아귀로 태어나도 피

만 먹으며, 인간으로 태어나도 백정이 된다고 한다.
- 철섭증鐵鍱增이란 식량이 부족한 시대에 출가자를 돌본다고 하면서 그들을 굶주리게 한 자가 떨어지는 지옥이다. 이곳은 수많은 불꽃에 둘러싸여 있으며, 옥졸이 죄인에게 뜨거운 구리물이나 쇳물을 마시게 한다. 게다가 죄인은 아귀처럼 굶주림의 고통을 당한다. 지옥의 악업이 다하여 인간으로 태어나도 윗사람의 신용을 얻지 못하고 감옥에서 굶어 죽는다고 한다.
- 십일염증十一焰增이란 불상, 불탑, 사원 등을 파괴하거나 태운 자가 떨어지는 지옥이다. 옥졸들이 철봉을 가지고 쫓아오면 죄인들은 도망가는데, 죄인은 뱀에 물리거나 불길에 타면서도 계속 도망 다녀야 하는 고통을 당한다. 지옥의 악업이 다하여 아귀로 태어나도 똥을 먹는 식분아귀가 된다. 축생(지렁이)으로 500년 동안 지내야 하며, 인간으로 태어나도 먹을 것이 없어 벌레를 먹고 살아야 한다.
19) 지옥에 대해 심도 있는 공부를 원하시는 독자께서는 『기세경起世經』2 〈지옥품地獄品〉, 『잡아함경雜阿含經』권48, 『기세인본경起世因本經』권2, 『구사론俱舍論』권11, 『대비바사론大毘婆沙論』권172, 『대지도론大智度論』권16, 『순정리론順正理論』권31을 참조하기 바란다.
20) 팔열지옥의 부지옥은 각각 16개이므로 총 128개이다. 그런데 『정법염처경』에는 대규환지옥의 부지옥을 18개로 구분하고 있으므로 부지옥은 전부 130개가 된다.
21) 『유가사지론』4(대정장 30), 297a 참조.
22) 부처님은 대표적인 괴로움을 여덟 가지(생로병사, 원증회고, 애별리고, 구부득고, 오온성고)로 나누어 설명하고 있다. 이 여덟 가지 괴로움(八苦) 중에서 가장 괴로운 것은 생사의 괴로움이겠지만, 욕망의 추구를 중요한 가치로 삼는 자본주의에서 가장 큰 괴로움은 '바라는 것이 손에 들어오지 않는 괴로움'(求不得苦)일 것이다. 우리는 많은 돈을 벌기를 원하고, 남들보다 높은 명예를 원한다. 그렇지만 그 재화와 명예는 한정되어 있다. 그러므로 한정된 재화, 자원, 자리를 놓고 개인과 개인, 국가와 국가 간에 경쟁할 수밖에 없다. 다시 말해 인간의 욕망은 무한하지만 지구상의 자원은 유한하기 때문에 인간은 욕망을 채우기 위해 경쟁할 수밖에 없는 존재이다. 경쟁에서 패한 자는 갖지 못한 자로 전락하고, 경쟁에서 이긴 승자는 자본주의 체제를 만족하면서 향유하고 있다. 그렇지만 갖지 못한 자와 가진 자 모두 만족하지는 못한다. 갖지 못한 자는 자기의 부족한 것을 가지려고 하고, 가진 자도 지금보다 더 많은 것을 원하기 때문이다. 그러므로 인간이 '소욕지족少欲知足'의 삶을 살아간다는 것은 자본주의 체제에서는 애초에 실현 불가능할지도 모른다. 필자는 사회체제의 개선과 더불어 인간의 내부, 즉 마음공부를 통해 이 문제를 해결할 수밖에 없다고 생각한다. 즉 마음공부는 불교 그 자체이다. 그래서 성철스님은 "불교(팔만대장경)를 한 글자로 나타내면

무엇입니까?"라는 질문에 "심心", 즉 "마음공부"라고 대답했던 것이다. 왜냐하면 자기의 마음을 잘 살펴 수행을 통해 깨달음을 얻는 것이 불교의 근본 목적이고, 깨달음이란 바로 'better being'(보다 나은 삶)이며, 또한 'better being'은 바로 '행복'의 다른 말이기 때문이다. 이처럼 마음공부는 행복의 지름길을 찾는 확실한 방법이기 때문에 선종에서도 마음공부를 가장 중시하였던 것이다. 그래서 자본주의가 발달한 선진국(독일이나 프랑스)에서 마음공부를 중시하는 불교에 귀의하는 사람이 늘어나는 것은 당연한 결과인지도 모른다.

23) 『정법염처경』에서는 아귀를 36종류로 구분하고 있다. 확신아귀, 침구아귀, 식토아귀, 식법아귀, 식수아귀, 희망아귀는 본문에서 설명했기 때문에 생략하겠다.
- *식분아귀食糞餓鬼*: 탐욕과 질투심이 많아 타인에게 인색하여 보시를 하지 않거나 보시를 하더라도 부정한 음식을 출가자에게 준 자이다. 이런 아귀는 500년 동안 굶주림과 갈증에 시달리며, 분뇨의 연못에서 구더기와 분뇨를 먹지만, 그것조차 만족하게 먹을 수 없다. 다시 태어나도 인간이 될 가능성이 거의 없다.
- *무식아귀無食餓鬼*: 인색하고 질투심이 많아 남에게 거짓말로 속이거나 자신의 권력을 이용하여 착한 사람을 감옥에 보내 굶겨 죽이고도 전혀 후회하지 않은 자이다. 온몸이 기갈伽渴(굶주림과 목마름)의 불에 싸여 어떤 음식도 먹을 수 없다. 무식아귀가 연못이나 강에 접근하면 순식간에 물이 말라 버리며, 게다가 옥졸이 지키고 있어 접근할 수도 없다.
- *식기아귀食氣餓鬼*: 자신만 맛있는 음식을 먹고 처자에게는 냄새만 맡게 한 자이다. 그래서 그 벌로 오직 제물의 향기(氣)만 먹을 수 있다(食).
- *식타아귀食唾餓鬼*: 출가자에게 부정한 음식을 깨끗한 것이라고 속이고 보시한 자이다. 오로지 침(唾)만 먹을 수 있다(食).
- *식만아귀食鬘餓鬼*: 부처님의 화만華鬘(꽃으로 만든 장식품)을 훔쳐 자신이 장식한 자이다. 오로지 꽃의 장식(鬘)만을 먹는다(食).
- *식혈아귀食血餓鬼*: 육식을 즐겨 살생을 하고서, 처자에게는 나누어 주지 않은 자이다. 생물에서 나온 피(血)만 먹을 수 있다(食).
- *식육아귀食肉餓鬼*: 무게를 속여 고기를 판매한 자이다. 오로지 고기(肉)만 먹을(食) 수 있다.
- *식향인아귀食香烟餓鬼*: 품질이 나쁜 향을 판매한 자이다. 불단에 바쳐진 향의 향기만 먹을 수 있다.
- *질행아귀疾行餓鬼*: 출가자의 신분임에도 유흥에 빠지고, 병자에게 주어야 할 음식물을 자신이 먹은 자이다. 질행아귀는 묘지를 파헤쳐 시체를 먹는다. 그래서 질행아귀는 전염병 등으로 다수의 사망자가 나온 장소에 달려온다고 한다. 그래서 '빨리 질주한다'라는 뜻에서 질행아귀라고 한다.
- *사변아귀伺便餓鬼*: 사람들을 속여 재산을 빼앗거나, 마을을 습격하여 약탈한

자이다. 사람이 배변(便)한 것을 찾아(伺) 먹는다. 그리하여 그 사람의 기력을 뺏는다고 한다.
- *지하아귀*地下餓鬼: 부정하게 타인의 재산을 손에 넣은 사람을 묶어 어두운 감옥에 가둔 자이다. 이들은 어두운 지하에 살면서 귀신들에게 고통을 당한다. 어두운 지하에 살기 때문에 지하아귀라고 한다.
- *신통아귀*神通餓鬼: 타인으로부터 가로챈 재산을 나쁜 친구에게 나눠 준 자이다. 목마른 다른 아귀에게 질투를 받는다. 신통력을 가지고 있어 고통을 받지는 않지만, 다른 아귀의 고통의 표정을 항상 살펴보아야 한다.
- *치연아귀*熾燃餓鬼: 성곽을 파괴하고, 사람을 살해하여 재산을 빼앗고, 권력자에게 빌붙어 세력을 얻은 자이다. 몸에서 타오르는 불에 고통을 받으며, 마을이나 산림 속을 돌아다닌다. 치연이란 '성할 치'(熾), '탈 연'(燃) 자이므로 활활 타는 고통을 받는 아귀이다.
- *사영아변아귀*伺嬰兒便餓鬼: 자신의 아기가 살해당하여 내세에 야차(귀신)가 되어 다른 사람의 아이를 죽여 복수하려고 생각한 여자가 이 아귀가 된다. 갓 태어난 아기의 목숨을 빼앗는다. 그래서 영아嬰兒의 대변(便)을 살피는(伺) 아귀라고 한다.
- *욕색아귀*欲色餓鬼: 아름답게 차려 입고 성매매를 한 자이다. 이들은 인간이 노는 놀이터에 가서 음식을 훔친다. 몸이 작고, 무엇으로도 변할 수 있다.
- *해저아귀*海渚餓鬼: 광야를 여행하여 병고에 시달리는 상인을 속이고 물건을 싼 가격으로 매입한 자이다. 인간계보다 1000배나 뜨거운 바다에 거주한다. 그래서 해저아귀라고 한다. 이들은 단지 아침 이슬만 먹고 굶주림을 해결한다.
- *집장아귀*執杖餓鬼: 권력자에게 빌붙어 그 권력을 등에 업고 악행을 한 자이다. 염라대왕의 심부름꾼이지만, 바람만을 먹는다. 머리는 산발을 하고, 윗입술과 귀는 늘어져 있으며, 목소리가 크다.
- *식소아귀*食小兒餓鬼: 사악한 주술로 병자를 속인 자이다. 이들은 등활지옥의 고통을 얻은 후에 전생한다. 갓 태어난 아기(小兒)를 먹는다(食). 그래서 식소아 아귀라고 한다.
- *식인정기아귀*食人精氣餓鬼: 전장 등에서 아군이 된 친구를 속여 죽게 내버려 둔 자이다. 이들은 사람(人)의 정기(精氣)를 먹는다(食). 게다가 항상 칼의 비에 습격을 받는 고통을 당한다. 또한 10년~20년에 한 번씩 불·법·승의 삼보를 공경하지 않는 인간의 정기를 빼앗을 수 있다.
- *나찰아귀*羅刹餓鬼: 생물을 죽여서 큰 연회를 베풀고, 약간의 음식을 고가에 판매한 자이다.
- *소식아귀*燒食餓鬼: 착한 친구를 멀리하고 출가자의 식사를 마음대로 먹은 자이다. 불타오르는 화로에 남은 음식(잔반)을 먹는다. 그래서 불타는(燒) 음식을 먹

는(食) 아귀, 즉 소식아귀라고 한다.
- *부정항맥아귀不淨巷陌餓鬼*: 수행자에게 부정한 음식을 준 자이다. 이들은 부정不淨한 곳에 살며 동네 어귀(巷陌)에 있는 구토물을 먹는다.
- *식풍아귀食風餓鬼*: 출가자와 가난한 사람들에게 보시를 하겠다고 말해 놓고, 실제로 그들이 오면 아무 것도 주지 않고 찬바람 속에 떨게 한 자이다. 이들은 바람만을 먹는다. 그래서 바람을 먹는 아귀, 즉 식풍아귀라고 한다.
- *식화탄아귀食火炭餓鬼*: 감옥의 간수로 있으면서 사람들에게 고초를 주고, 음식을 빼앗고, 굶주림을 면하기 위해 진흙을 먹도록 한 자이다. 이들은 시체를 화장하고 남은 불의 재(火炭)를 먹는다(食). 그래서 식화탄아귀라고 한다. 게다가 한 번 식화탄아귀가 된 자는 인간으로 태어나도 맛있는 음식을 먹을 수 없다.
- *식독아귀食毒餓鬼*: 타인을 독살하고 재산을 빼앗은 자이다. 험한 산맥과 빙산에 살며, 독에 둘러싸여 여름은 독에 절임을 당하고, 겨울에는 얼음의 절임을 당한다. 게다가 이곳은 칼의 비가 내린다.
- *광야아귀曠野餓鬼*: 여행자가 물을 마실 수 있는 호수나 연못을 파괴하고, 여행자를 괴롭혀서 재물을 빼앗은 자이다. 이들은 무더위 속에서 물을 찾아 들판을 헤매게 된다. 그래서 들판(曠野)을 헤매는 아귀, 즉 광야아귀라고 한다.
- *총간주식열회토아귀塚間住食熱灰土餓鬼*: 부처님에게 바친 꽃을 훔쳐 판 자이다. 무덤 사이(塚間)에 거주하며 뜨거운 재(熱灰)와 흙(土)을 먹는다(食). 그것도 한 달에 한 번 정도 밖에 먹을 수 없다. 이들은 굶주림과 갈증에 시달리며, 무거운 철을 목에 걸고 옥졸에게 칼과 지팡이로 벌을 받는다.
- *수중주아귀樹中住餓鬼*: 다른 사람이 키운 나무를 마음대로 베어 재산을 모았거나 여름에 서늘하게 그늘을 만들어 준 나무를 없애 불모의 땅으로 만든 자이다. 이런 아귀는 나무에 갇혀 개미나 벌레에게 갉아 먹히는 고통을 당한다. 그래서 나무에(樹中) 머무는(住) 아귀(餓鬼)라고 하는 것이다. 수중주아귀는 오직 나무뿌리에 버려진 음식만 먹을 수 있다.
- *사교도아귀四交道餓鬼*: 여행자의 식량을 빼앗아 광야에서 굶주리게 한 자이다. 네거리에 살고 거기에 놓인 음식만 먹을 수 있다. 그래서 네거리가 교차하는 도로(四交道) 즉 사교도아귀라고 하는 것이다. 또한 이런 아귀는 톱으로 몸이 잘리고, 평평한 판에 올라 몸을 잡아당겨 늘리는 고통을 당한다.
- *살신아귀殺身餓鬼*: 사람에게 아부나 아첨하면서 나쁜 짓을 하게끔 하거나, 사악한 법을 바른 법이라고 설법하거나, 수행자의 수행을 방해하는 자이다. 이런 자는 뜨거운 쇳물을 먹어 큰 고통을 받는다. 그리고 이런 아귀는 아귀도의 업이 다하면 다시 지옥에 떨어진다.

24) 『자타카』, 482.
25) 『육도집경』, 56.

26) 아수라 중에서도 품성이 뛰어난 자는 수미산 북쪽에 있는 거대한 바다 밑에 거주하며, 품성이 뛰어나지 못한 자는 4대륙 사이에 있는 산속 바위에 산다고 한다.(『왕생요집』) 이렇게 본다면 아수라는 바다의 신이라는 것을 알 수 있다.
27) '수라'(sura)는 천天, '아'(a)는 부정의 의미이다. 그래서 '천이 아니다', 즉 비천非天이라고 한다.
28) 『瑜伽師地論略纂』(대정장 43), 16b, "毘堤訶洲, 此云勝身, 身貌勝故."
29) 히말라야(himālaya)란 독자들께서도 잘 알고 있는 히말라야 산맥을 가리키는데, 히말라야는 눈(雪)을 의미하는 '히마'(hima)와 '저장, 창고'를 의미하는 '아라야'(ālaya)의 합성어이다. '항상 눈이 쌓여 있는 곳'(눈의 창고) 즉 히말라야는 사시사철 눈이 쌓여 있기 때문에 이런 이름이 붙었다.
30) 향산香山이라고도 하며, 언제나 향기가 퍼져 있고, 향의 냄새에 사람들이 취해 있기 때문에 이런 이름이 붙었다.(『俱舍論記』 11[대정장 41], 186b, "香醉, 謂此山中有諸香氣, 令人醉故, 名香醉.") 범어로 '간다마다나'(gandha-mādana)라고 한다.
31) 유식에서는 인간의 욕구(need) 내지 욕망(desire)을 네 가지로 구분한다. 첫째는 육체를 가진 존재이기 때문에 생기는 까마(kāma)이다. 필자는 '감각적 욕망'이라고 번역하지만, 한역에서는 성욕性慾이라고 한다. 둘째는 찬다(chanda)이다. 필자는 정신적인 바람, 희망, 의욕으로 번역한다. 현장은 '욕欲'이라고 한역한다. 셋째는 라가(rāga)로 서양에서 말하는 욕망(desire)에 가장 가까운 개념이다. 한역에서는 탐욕貪慾 또는 탐貪이라고 한다. 넷째는 트리스나(tṛṣṇa)이다. 이것은 육체적, 정신적 욕망을 포함하는 가장 넓은 의미의 욕망이다. 한역에서는 갈애渴愛라고 한다. 그래서 부처님은 인간이 윤회의 고통을 받는 원인을 갈애 때문이라고 했다. 자세한 것은 필자의 졸저 『유식삼십송과 유식불교』의 심소편을 참고하기 바란다.
32) 육욕천은 삼계 중에서 육계에 속하는 천天으로, 사대왕중천, 삼십삼천(도리천), 야마천, 도솔천(지족천), 낙변화천, 타화자재천의 여섯 개의 천을 말한다. 육욕천계六欲天界라고도 한다.
33) 야차신이란 범어 '약샤'(yakṣa)의 음사이다. 용건勇健(날쌔고 용감하다)이라고 번역하기도 한다. 원래 인간을 해치는 것에 용감하고 포악한 존재였지만, 불교에서는 불법을 수호하는 팔부신중 중의 하나이다. 대지를 걷는 야차(地行夜叉)와 하늘을 나는 야차(空行夜叉)로 구분한다. 약칭하여 야차라고도 한다.
34) 상취신常醉神(śada-mada)이라고도 한다.
35) 불교를 수호하는 신으로 팔부신중이 있다. 즉 천天, 용龍, 야차夜叉, 건달바乾闥婆(향신), 아수라, 가루라迦樓羅(가루다, 금시조), 긴나라緊那羅(음악신), 마후라가摩睺羅伽(mahoraga, 몸은 사람이고 머리는 뱀인 신)이다.
36) 인드라(indra)는 동사어근 '√ind'(강하다)에서 파생한 것으로, 한역에서는 인다

라(釋陀羅), 제석(帝釋), 제석천(帝釋天)이라고 한다.
37) 팔공덕수란 달고, 차갑고, 부드럽고, 가볍고, 청정하고, 냄새가 없고, 마실 때 목을 다치지 않게 하고, 배를 아프게 하지 않는 여덟 가지의 성질을 가진 물을 말한다.
38) 8대 성지는 다음과 같다. 룸비니(탄생지), 부다가야(성도지), 사르나트(최초 설법지), 쿠시나가르(열반지), 라자그리하(왕사성), 슈라바스티(사위성), 산카샤, 바이샬리.
39) 『俱舍論記』 8(대정장 41), 148b, "夜摩天, 此分時分, 謂彼天處, 時時分分 稱快樂."
40) 관세음은 '세간에 살고 있는 중생의 고통(육신과 마음의 고통)을 다 듣고 관찰하여 그들의 고통을 구제한다'는 자비의 보살이다. 우리들이 기도할 때 대자대비하신 관세음보살님이나 천수천안관세음보살님이라고 명호(이름)를 부르는 것은 모든 중생에게 두려움이나 공포를 없애 주는 자비의 보살이기 때문이다. 특히 티베트에서는 관세음보살의 육자대명왕진언인 '옴 마니 파드메 훔'(옴 마니 반메 훔)을 끊임없이 독송한다. 이 진언을 간절히 독송하면 관세음보살이 재앙, 병 등의 온갖 재앙으로부터 지켜 준다고 믿기 때문이다.
관세음보살신앙이 잘 드러난 경전은 『법화경』 제25 「관세음보살보문품」이다. 이것은 나중에 『관음경』이라는 독립된 별도의 경전이 되어 대승불교도에게 널리 유포되었다. 여기에는 관세음보살의 이름을 부르면 일곱 가지 어려움(七難), 즉 자연현상으로부터 곤경인 불·물·풍(바람), 사회적인 불행인 칼(전쟁 등), 초자연적 현상으로부터의 곤경인 귀신, 삶의 현실적인 곤경인 형벌·도둑을 피할 수 있다고 하였다. 이처럼 관세음보살은 현실적인 구제를 바라는 신자들에게 효험이 있다고 믿어져 관세음보살신앙으로 발전하였다.
잘 알고 있듯이, 아미타불은 서방 극락정토에 있으면서 모든 중생을 극락세계로 인도한다. 그럼 관세음보살은 어디에 있으면서 중생의 고통스러운 소리를 듣는가. 도대체 관세음보살은 어디에 거주하는 것인가. 관세음보살이 거주하는 곳을 범어로는 포탈라(Potala)라고 한다. 티베트의 수도 라사(Lhasa)에는 역대 달라이라마가 거주했던 포탈라 궁전이 있다. 달라이라마가 거주하는 곳을 포탈라라고 한 것은 달라이라마가 관세음보살의 화신(化身)이기 때문에 포탈라 궁전이라는 이름을 붙인 것이다.
41) 니르마나(nirmāṇa)는 '자유로운 변화', 라티(rati)는 '즐거움'이라는 뜻이다.
42) 안식, 이식, 비식, 설식, 신식(五識)의 다섯 가지 대상인 색, 성, 향, 미, 촉은 욕망의 대상이 되기 때문에 이 다섯 가지를 오묘욕(五妙欲)이라고 한다. 또는 마음을 더럽히기 때문에 오진(五塵)이라고 하며, 오욕(五欲)이라고도 한다.
43) 사정려(catur-dhyāna-bhūmika)는 사선(四禪) 또는 사정(四定)이라고 하는데, 초정려는 이생희락(離生喜樂)(vivekajaṃ prītisukham)이라고 한다. 욕계의 악을 떠나 생긴 기쁨

과 쾌락을 받는 선정이다. 제이정려는 정생희락定生喜樂(samādhijaṃ prītisukham)이라고 하는데, 초정려의 선정을 닦아 생긴 기쁨과 쾌락을 받는 선정이다. 제삼정려는 이희묘락離喜妙樂(niṣprītisukham)이라고 하는데, 제이정려의 기쁨을 떠나 얻은 오묘한 쾌락을 받는 선정이다. 제사정려는 사념청정捨念淸淨(upekṣā-smṛti-pariśudha)이라고 하는데, 사청정捨淸淨 즉 마음이 동요하지 않고 평등하게 되며, 염청정念淸淨 즉 마음이 대상을 명석하게 기억하여 잊어버리는 것이 없는 상태가 된 선정이다.

44) '성자의 청정한 신체만이 머무는 천'이라는 의미이다. 범어로 'śuddha-āvāsāh-deva'라고 한다.

45) 초기불교에서는 수행의 단계와 그 결과를 네 가지 이른바 '사향사과'로 나누었다. 사향사과란 예류향預流向·예류과預流果, 일래향一來向·일래과一來果, 불환향不還向·불환과不還果, 아라한향阿羅漢向·아라한과阿羅漢果를 말한다.
먼저 예류향預流向이란 견도를 성취하고 사성제를 여실지견하여 '진리의 흐름에 든 자'를 말한다. 이처럼 예류향은 '스로타아판다'(srota-āpanna, 예류에 든 자)의 번역이지만, 음사하여 수다원이라고도 한다. 그런데 현장은 '예류자'라고 번역하였다. 예류자란 인간세상의 번뇌를 끊고 처음으로 성자에 들어간 자이며, 이 단계는 유신견(오온을 영원한 자아로 보는 견해), 계금취견(잘못된 계율에 집착하는 견해), 의疑(수행이나 붓다의 가르침인 연기 등을 의심하는 태도)의 번뇌가 소멸한 상태이다. 이와 같은 결과를 얻은 것을 예류과라고 한다. 이 단계는 이른바 초기불교에서 말하는 수행의 단계인 '사향四向' 또는 '사과四果'의 초지初地 단계이다.
두 번째 단계는 일래향一來向의 단계이다. 일래향이란 '스크리다가민'(sakṛdāgāmin, 한 번 더 돌아오는 자)의 번역이며, 사다함으로 음사하기도 한다. 현장은 '일래자一來者'라고 번역하였다. 일래자는 탐(욕망)과 진(분노)의 번뇌가 부분적으로 없어진 성자의 단계이다. 깨달음을 얻은 자는 두 번 다시 생을 받지 않는다. 그러나 일래자는 천인의 세계와 인간의 세계에 다시 한 번 더 태어난다는 것이다. 만약에 천인의 세계에서 깨달음을 얻으면 인간세계에 다시 한 번 더 태어나고, 다시 천인의 세계에 돌아와 열반에 든다. 반면 인간세계에서 깨달음을 얻으면 천인의 세계에 태어나고, 다시 인간세계에 돌아와 열반에 든다는 것이다. 이처럼 인간세계와 천상세계를 왔다 갔다 하기 때문에 일왕래一往來 또는 일래一來라고 한다.
세 번째 단계는 불환향不還向의 단계이다. 불환향이란 '아나가민'(anāgāmin, 결코 돌아오지 않는 자)의 번역이며, 음사하여 아나함이라고 한다. 그래서 현장은 산스크리트의 의미를 살려 '불환자不還者'로 번역하였다. 불환자란 욕계의 번뇌(탐진)를 완전히 끊은 성자를 말한다. 불환과를 얻은 자는 사후에 색계와 무색계에 태어나지만 다시는 욕계에 태어나지 않기 때문에 불환과라고 한다.

'사향'의 마지막 단계는 아라한향이다. 아라한향은 깊은 수행을 반복하여 열 가지의 번뇌(유신견, 의심, 계금취견, 감각적 욕망, 악의, 아만, 도거, 무명, 욕계와 무색계에 대한 욕망)를 전부 끊고 윤회를 벗어나 무상·무아의 지혜를 체득한 단계이다. 아라한(arhat)은 일반적으로 응공, 살적, 무생의 세 가지를 갖춘 사람을 말한다. 첫째, '응공應供'이란 공양 받을 자격을 갖추고 있다는 것이다. 즉 끊기 어려운 아애의 번뇌를 수행을 통해 영원히 끊었기 때문에 세상 사람들의 존경의 대상이 될 수 있다는 것이다. 둘째, '살적殺賊'이란 번뇌의 적을 영원히 죽였다는 의미이다. 우리들은 여러 가지의 번뇌를 안고 살아가고 있다. 그 중에 가장 끊기 어려운 것이 자기에게 끊임없이 집착하는 아집(아애)이다. 이것을 영원히 끊은 사람을 '아라한'이라고 하는 것이다. 셋째, '무생無生'이란 영원히 다시 새로운 생을 받지 않는다는 의미이다. 즉 아라한은 윤회로부터 벗어났다는 것이다.

한편 대승불교의 2대 학파 중의 하나인 유식학파에서는 아라한이 되어야 심층의 마음인 아뢰야식의 작용이 멈춘다고 하였다. 그렇지만 대승의 보살은 아라한이 아니라 부처가 되는 것, 즉 '무상정등각無上正等覺'(anuttarā-samyak-saṃbodhi, 최상의 바른 완전한 깨달음)을 얻는 것을 목표로 한다.

46) 『구사론』 8(대정장 29), 41a.
47) 부처님은 80세에 입멸할 때까지, 45년간 설법과 전도로 일관하였다. 우리들은 부처님이 깨달음을 얻고 곧바로 설법했다고 생각하기 쉽지만 사실은 그렇지 않았다. 이에 대한 경위는 경전 속에서 '범천권청梵天勸請'의 이야기로 전해진다. "최고신인 범천은 부처님의 깨달음을 알고, 그것을 세상 사람들에게 설하여 밝히기를 권하였다. 몇 번의 거절에도 계속되는 청에 부처님은 결국 범천의 권유를 받아들여 자기의 깨달음을 설하기로 결심하였다"라고 전하고 있다. 부처님의 깨달음이 바로 설법으로 이어지지 않았다는 사실은 우리들에게 여러 가지를 생각하게 한다.

참고문헌

『正法念處經』(대정장 17).
『정법염처경』 II(한글대장경 74), 동국대학교 역경원.
세친, 『俱舍論』(대정장 31).
중현, 『順正理論』(대정장 31).

권오민 역, 『아비달마구사론』, 동국대학교 역경원.
김명우, 『유식삼십송과 유식불교』, 예문서원.
_____, 『범어로 반야심경을 해설하다』, 민족사.
_____, 『왕초보 반야심경 박사되다』, 민족사.
_____, 『마음공부 첫걸음』, 민족사.
정준영 외, 『죽음, 삶의 끝인가 새로운 시작인가』, 운주사.
효도 가즈오(兵藤一夫) 저, 김명우·이상우 역, 『유식불교, 『유식이십론』을 읽다』, 예문서원.

겐신(源信) 저, 이시다 미즈마로(石田瑞麿) 역주, 『往生要集』 上·下, 岩波文庫.
사다가타 아키라(定方晟), 『須彌山と極樂』, 講談社.
요코야마 코이치(橫山宏一), 『唯識 佛教辭典』, 春秋社.
이시가미 젠노(石上善応), 『往生要集』, 일본방송출판협회.
히로 사치야(ひろさちや), 『佛敎死後世界入門』, 講談社.
_____, 『死の世界·死後の世界』, 德間書店.
Sir M. Monier-Williams, *A Sanskrit-English Dictionary*.

http://ja.wikipedia.org

찾아보기

가화합假和合　31, 35
강심연江深淵　48
거구아귀炬口餓鬼　145
거해지옥鋸骸地獄　82
검수지옥劍樹地獄　81
견수堅守　170
견취견見取見　124
계戒(śīla, 尸羅)　66~67, 70
계금취견戒禁取見　124~125
계율戒律　66, 70, 124~125
고계증苦聲增　131
고락론苦樂論　123
공空　88
공거천空居天　167~168, 177
공덕수功德水　95, 176
공업共業　44
공처천空處天　188~189
관세음보살觀世音菩薩　179, 183
광과천廣果天　186
광목천廣目天　171~172
광음천光音天(極光淨天)　185, 188
괴愧　67~69
구로주俱盧洲　95, 158~159
구마라집鳩摩羅什　31, 40~41, 54, 176, 178
규기窺基　40
규환지옥叫喚地獄(號叫地獄)　97, 99, 114~115, 117, 121, 137
극고증極苦增　105
극미極微　32~33

금륜金輪　91~93

낙변화천樂變化天　166, 168, 183~184
난생卵生　149
내열비증內熱沸增　130
뇌사腦死　28~29
니랄부타지옥尼剌部陀地獄　138
니민달라산尼民達羅山(持山)　93~94

다고뇌증多苦惱增　113
다고증多苦增　104
다문천多聞天　172
다재아귀多財餓鬼　146~147
단말마斷末魔　36~37
단멸론斷滅論　17~18, 122~123
단상론斷常論　123
대규환지옥大叫喚地獄(大叫地獄)　97, 117, 121, 137
대반열반大般涅槃　27
대범천大梵天　185, 188
대비증大悲增　132
대세아귀大勢餓鬼　147
대신근大信根　118~119
대신악후가외지증大身惡吼可畏之增　128
대초열지옥大焦熱地獄(極熱地獄)　97, 99, 121, 127~128, 133, 137
데바닷타(devadatta, 提婆達多)　38, 40
도륜증刀輪增　103
도리천忉利天　155~156, 165~168, 174~176

224

도산지옥刀山地獄　81
도솔천兜率天(都史多天, 知足天)　165~168,
　　178, 180~181, 183~184
도시왕都市王　80, 84
독사지옥毒蛇地獄　82
등환수고等喚受苦　108
등활지옥等活地獄　97~102, 106~107, 121,
　　137, 141

마두馬頭　98, 102, 110, 126
마명馬鳴　179
마이산馬耳山(頞濕縛羯拏山)　93~94
마하발특마지옥摩訶鉢特摩地獄
　　(mahāpadma, 紅蓮那落迦)　138~139
말룽캬풋타(malunkyaputta)　14~16
말마末魔　36
망어妄語　117
맹귀우목盲龜遇木　162
명계冥界　37
명도冥途　37, 42, 45
명부전冥府殿　62~63, 75
목전증木轉增　132
무간암증無間閣增　131
무기無記　162~163
무량광천無量光天　185, 188
무량정천無量淨天　186, 188
무번천無煩天　186~187
무비암증無非閣增　132
무색계無色界　165, 188~190
무소유처천無所有處天　189~190
무아無我　53~54, 88
무열뇌지無熱惱池　159, 161
무열천無熱天　187

무외보시無畏布施　51
무운천無雲天　186, 188
무재아귀無財餓鬼　145
무주상보시無住相布施　51
무착無着　179
문수보살文殊菩薩　78, 179
미륵보살彌勒菩薩　62, 78, 179, 181~182

바라이波羅夷　69~70
바라제목차波羅提木叉　69
반조자심反照自心　58
발괴오증髮愧烏增　131
발설지옥拔舌地獄　82
발특마지옥鉢特摩地獄(padma)　138~139
벌라차말라주(avara-cāmara)　161
범보천梵輔天　185, 188
범아일여梵我一如　52
범중천梵衆天　185, 188
범천梵天　188
법보시法布施　51
변괴變壞　32
변성왕變成王　76, 78, 80, 82
변정천遍淨天　186, 188
변집견邊執見　122~123
보수일체자생고뇌증普受一切資生苦惱　130
보시布施　39, 50~51, 54~55, 57~58, 62, 65~
　　66, 119, 145, 150
보현보살普賢菩薩　78
복생천福生天　186
본유本有　37
부동명왕不動明王　78
부정법不定法　69
부지옥　97, 102~103, 106, 108, 112~114,

　　　　　　　116~117, 127~128, 135, 137
불망어不妄語　71
불사음不邪淫　71
불살생不殺生　71, 101
불음주不飮酒　71~72, 115
불투도不偸盜　71
불희중不喜增　105
브라만(brahman)　52
비悲　57~58
비고후중悲苦吼增　131
비다라니증鞞多羅尼增　130
비상비비상천非想非非想天
　　(非非想天, 有頂天)　167, 189~190
비천非天(a-sura)　155

사捨　34, 57~58
사견邪見　121~122, 125, 127, 137
사대四大　32~33
사대소조四大所造　32
사대왕중천四大王衆天　165~167, 171
사무량심四無量心　58
사바세계娑婆世界　37, 40, 42, 45, 50, 55,
　　57, 65~66, 99, 103, 106, 116, 125~
　　126, 134~136, 140, 158, 166~168, 181,
　　190
사신捨身　154
사유死有　37~38
사음邪淫　72~73, 84, 106, 110, 112, 115,
　　117, 121, 127, 137~138
사정려四靜慮　185
사족류四足類　148
사중계四重戒　137
사타법捨墮法　69

사후세계死後世界　17~18, 24, 37, 75, 164
산수뢰山水瀨　48
살가야견薩迦耶見(有身見)　122
삼도강三途江(三途川)　47~49, 55~57, 63
삼수三受　33~34
삼즈냐(saṃjñā)　52~54
상想　31, 34~35
상相　51~52
상이산象耳山(毘那怛迦山, 毘那矺迦山)　93~94
상주론常住論　17~18, 122~123
색色　31~32, 35
색계色界　165, 167~168, 184, 187~189
색구경천色究竟天　187~188
생유生有　37~38
서거逝去　26
석가여래釋迦如來　78
선견산善見山(蘇達黎舍耶山)　93~94
선견천善見天　187
선신善神　155~156
선인낙과善人樂果　87
선종善終　25~26
선현천善現天　187
설일체유부說一切有部　157
섬부주贍部洲(閻浮提)　95, 97, 101, 140,
　　158~159, 161, 166, 181
성계性戒　71
세친世親　89, 179
소광천少光天　185, 188
소재아귀少財餓鬼　146
소정천少淨天　186, 188
소천召天　26
송제왕宋帝王　65, 72, 78, 80~81
수受　31, 33~35

226

수륜水輪　91
수미산須彌山(妙高山, 수메루)　92~93, 95, 119, 167~168, 170~171, 174
수범수제隨犯隨制　69
수선단악修善斷惡　58, 162
수승전殊勝殿　175
수자水子　58~59
수자공양水子供養　59
수자상壽者相　52~54
수행정진修行精進　69
습생濕生　149
승신주勝身洲　95, 158
승잔법僧殘法　69
시분증屍糞增(屍泥增)　103
시왕十王(冥府十王)　63, 75, 80
식識　31, 35
식법아귀食法餓鬼　142~143
식수아귀食水餓鬼　143
식처천識處天　188, 190
식토아귀食吐餓鬼　142
신信(bhakti, 信愛)　118
신업身業　18
신장神將　76
심소心所　33

아귀餓鬼(preta, 가는(걸) 자)　129, 136, 140~147, 155~156, 163, 165
아귀도餓鬼道　73, 86, 140~141, 147
아누다라삼먁삼보리阿耨多羅三藐三菩提(무상정등각)　52
아뢰야식阿賴耶識　33, 53, 88~89, 120
아비지옥阿鼻地獄(無間地獄)　97, 99, 114, 121, 132~134, 137~138

아상我相　52, 54
아수라阿修羅(阿素洛)　38, 93, 155~157, 163, 165
아수라도阿修羅道(修羅道)　86, 155, 157
아승지(asaṃkhya)　91
아트만(ātman)　17, 24, 52
악견증惡見增　112
악신惡神　155~156
악인고과惡人苦果　87
알부타지옥頞部陀地獄　138
알찰타지옥頞哳陀地獄　138~139
암명증闇冥增　104
야마천夜摩天(時分天)　165~168, 177~178, 184
야미(yami)　75
야차夜叉(藥叉)　170
약사여래藥師如來　78
어업語業(口業)　18
업業　18~19, 44, 53~54, 75, 78~80, 86~88, 98, 104, 126, 135, 150, 191
업경대業鏡臺　75
연기緣起　88
열반涅槃　27
염라대왕閻羅大王(야마, 염마왕)　74~76, 78, 80, 82, 140, 177
염바파도증閻婆回度增　137
영아귀嬰餓鬼　146
오계五戒　70, 73, 101, 110, 115, 121, 125, 130, 139, 180
오관왕五官王　73, 76, 78, 80~81
오도五道　157
오도전륜왕五道轉輪王　80, 84
오수五受　33~34
오역죄五逆罪　137

찾아보기　227

오온五蘊 31, 35
오음五陰 31
오종불남五種不男 133
오취五趣 157
옥졸獄卒 62, 98, 102, 104, 107~114, 116, 126, 128~132, 135~136, 150
올발라지옥嗢鉢羅地獄 138~139
옹숙증瓮熟增 104
외열증畏熱增 109
욕계欲界 165~167, 171, 174, 177, 183~184, 189
용수龍樹 179
우두牛頭 98, 102, 110, 126
우루만두수증雨褸鬘抖擻增 129
우사화증雨沙火增 129
우산취증雨山聚增 136
우화주牛貨洲 95, 158
운화무증雲火霧增 116
월명사月明師 49
유교도有橋渡 48
유무론有無論 123
유순由旬(yojana) 91~93, 101, 103, 129, 133, 135~136, 140, 158~159, 188
유식唯識 53, 88
유익류有翼類 148
유정有情(sattva) 40, 178
유정식有情識 41
육도세계六道世界 18, 62, 86~87, 97
육도윤회六道輪廻 19, 48, 84, 163, 191~192
육욕천六欲天 165~167, 171, 174, 177~178, 183~184
윤회輪廻 18~19, 24, 37, 53, 79~80, 86, 88, 90, 163, 168, 190~191
윤회전생輪廻轉生 60, 87, 150

율律(毘奈耶, vinaya) 66, 69~70
의령수衣領樹 49~50, 64
의생신意生身(乾闥婆, 中陰身) 42, 161
의업意業 18
이족류二足類 148
인간계人間界(人道) 27, 86, 140, 147, 155, 158, 166, 192
인고증忍苦增 113
인상人相 52~54
인토忍土 40
일체방초열증一切方焦熱增 128

자慈 57~58
자업자득自業自得 60, 65, 78, 87
잡림원雜林苑(和雜苑) 176
장식藏識 89
재보시財布施 51
전다증旃茶增 109
정거천淨居天(五淨居天) 187
정파리淨玻璃 75
제법무아諸法無我 53
제사선第四禪 186, 188
제삼선第三禪 186, 188
제석천帝釋天(天眼天) 91, 156, 174~175, 188
제이선第二禪 185, 188
졸곡기卒哭忌 61
졸곡제卒哭祭 61
종자種子 53, 88~89, 120
중겁中劫 128
중생상衆生相 52~54
중음세계中陰世界(中有世界) 18~19, 37~38, 42~43, 45, 47, 55, 57, 62~63, 65~66, 73, 75, 78~79, 84, 86, 192

228

중차원衆車苑　176
중합지옥衆合地獄　97~99, 109~111, 113~114, 121, 137
중현衆賢　145
증增　102~103
증장천增長天　171~172
지거천地居天　167
지국천持國天　171~172
지만持鬘　170
지물持物　172, 174
지쌍산持雙山(踰健達羅, 踰健默羅)　93, 95, 170
지옥地獄(naraka, 捺落迦, 奈落)　38, 62~64, 73~76, 78, 81~82, 84, 86, 97~99, 101~107, 110~116, 121, 125~126, 134, 137~141, 150, 155, 163, 165~166, 177, 191~192
지옥도地獄道　86
지장보살地藏菩薩　62~63, 75~76, 78, 179, 183
지전紙錢　49
지축산持軸山(伊沙馱羅山)　93, 170
진광왕秦廣王　45~47, 78, 80~81
질애質礙　32

차계遮戒　71~72
차말라주(cāmara)　161
찰나멸刹那滅　88~89
참慙　67~69
천계天界(天道)　62, 78, 86, 125, 140, 147, 149, 155, 161, 163, 165~168, 188, 191~192
천도재薦度齋　42, 57, 79~80, 84
철상지옥鐵床地獄　82

철야간식증鐵野干食增　135~136
철위산鐵圍山(鐵輪圍山)　93~95, 158
첨목산檐木山(朅地洛迦山, 朅達洛迦山)　93
초강왕初江王　47, 50, 63~66, 78, 80~81
초선初禪　185, 188
초열지옥焦熱地獄(炎熱地獄)　97, 121, 125~127, 137
추선공양追善供養　64~66, 84
추악원醜惡苑　176
축생畜生(傍生, 橫生)　128~129, 136, 148~150, 154~156, 165
축생도畜生道　73, 86, 148
취구아귀臭口餓鬼　146
취모아귀臭毛餓鬼　146
침구아귀針口餓鬼　145~146
침모아귀針毛餓鬼　146

타타타제증㗌㗌㗌齊增　129
타화자재천他化自在天　166, 168, 184
탈의바奪衣婆(懸衣嫗)　49, 63~64
태산왕泰山王　77~78, 80, 82
태생胎生　149
태아공양　59
태아영가　60
택식宅識　89

팔열지옥八熱地獄　97~98, 100, 106
팔한지옥八寒地獄　97, 138
평등왕平等王　80, 82
포타라카(potalaka)　183
풍도지옥風途地獄　84
풍륜風輪　91

한빙지옥寒氷地獄　81
항교恒狡　170
해탈　54, 125, 191
행行　31, 34~35
향취산香醉山　161
현의옹懸衣翁　49
현장玄奘　31, 40~41, 54, 70, 89
호법護法　162
호호파지옥虎虎婆地獄　138~139
화계증火髻增　129
화말충증火末虫增　116
화생化生　149~150, 166~167
화신化身　13, 76, 78~79
화안애어和顔愛語　57~58
화탕지옥火湯地獄　81
확신아귀簀身餓鬼　142
확확파지옥臛臛婆地獄(郝郝婆地獄)
　　138~139

황천黃泉　97
회광반조廻光返照　58
회향回向　65
흑두증黑肚增　136
흑승지옥黑繩地獄　97~99, 107~108, 110,
　　121, 137
흑암지옥黑闇地獄　84
희喜　34, 57~58
희기아귀希棄餓鬼　147
희림원喜林苑(歡喜苑)　176
희망아귀悕望餓鬼　143~144
희사아귀希祀餓鬼　147

10무기(十無記)　16
12연기(十二緣起)　33
14무기(十四無記)　16
49재　30, 66, 84
6바라밀　180

『구사론俱舍論』　47, 102, 149, 166
『금강경金剛經』　52, 54
『대비바사론大毘婆沙論』　67
『대승기신론大乘起信論』　179
『대지도론大智度論』　115
『리그베다』　155
『말룽카풋타 소경』　13, 16
『무량수경無量壽經』　47
『미륵하생경彌勒下生經』　181
『법화경法華經』　56
『불소행찬佛所行讚』　179
『상윳타니카야』　18
『섭대승론攝大乘論』　179

『성유식론成唯識論』　119, 124, 162
『순정리론順正理論』　145
『숫타니파타』(화살경)　23
『시왕경十王經』　75~76, 79~80
『왕생요집往生要集』　102
『우란분경盂蘭盆經』　75~76
『유가사지론瑜伽師地論』　119
『유식삼십송唯識三十頌』　89, 179
『자타카』(本生譚)　150, 153, 179
『전유경箭喩經』　13
『정법염처경正法念處經』　102, 144
『중론中論』　179
「제망매가祭亡妹歌」　49

230

◀ 예문서원의 책들 ▶

원전총서
박세당의 노자 (新註道德經) 박세당 지음, 김학목 옮김, 312쪽, 13,000원 | 율곡 이이의 노자 (醇言) 이이 지음, 김학목 옮김, 152쪽, 8,000원
홍석주의 노자 (訂老) 홍석주 지음, 김학목 옮김, 320쪽, 14,000원 | 북계자의 (北溪字義) 陳淳 지음, 김충열 감수, 김영민 옮김, 295쪽, 12,000원
주자가례 (朱子家禮) 朱熹 지음, 임민혁 옮김, 496쪽, 20,000원 | 서경잡기 (西京雜記) 劉歆 지음, 葛洪 엮음, 김장환 옮김, 416쪽, 18,000원
고사전 (高士傳) 皇甫謐 지음, 김장환 옮김, 368쪽, 16,000원 | 열선전 (列仙傳) 劉向 지음, 김장환 옮김, 392쪽, 15,000원
열녀전 (列女傳) 劉向 지음, 이숙인 옮김, 447쪽, 16,000원 | 선가귀감 (禪家龜鑑) 청허휴정 지음, 박재양 · 배규범 옮김, 584쪽, 23,000원
공자성적도 (孔子聖蹟圖) 김기주 · 황지원 · 이기훈 역주, 254쪽, 10,000원 | 천지서상지 (天地瑞祥志) 김용천 · 최현화 역주, 384쪽, 20,000원
도덕지귀 (道德指歸) 徐命庸 지음, 조민환 · 장원목 · 김경수 역주, 544쪽, 27,000원 | 참동고 (參同攷) 徐命庸 지음, 이봉호 역주, 384쪽, 23,000원
박세당의 장자, 남화경주해산보 내편 (南華經註解刪補 內篇) 박세당 지음, 전현미 역주, 560쪽, 39,000원
초원담노 (椒園談老) 이충익 지음, 김윤경 옮김, 248쪽, 20,000원 | 여암 신경준의 장자 (文章準則 莊子選) 申景濬 지음, 김남형 역주, 232쪽, 20,000원

연구총서
논쟁으로 보는 중국철학 중국철학연구회 지음, 352쪽, 8,000원 | 논쟁으로 보는 한국철학 한국철학사상연구회 지음, 326쪽, 10,000원
현대의 위기 동양 철학의 모색 중국철학회 지음, 340쪽, 10,000원 | 역사 속의 중국철학 중국철학회 지음, 448쪽, 15,000원
공자의 철학 (孔孟荀哲學) 蔡仁厚 지음, 천병돈 옮김, 240쪽, 8,500원 | 맹자의 철학 (孔孟荀哲學) 蔡仁厚 지음, 천병돈 옮김, 224쪽, 8,000원
순자의 철학 (孔孟荀哲學) 蔡仁厚 지음, 천병돈 옮김, 272쪽, 10,000원
유학은 어떻게 현실과 만났는가 — 선진 유학과 한대 경학 박원재 지음, 218쪽, 7,500원
역사 속에 살아있는 중국 사상 (中國歷史に生きる思想) 시게자와 도시로 지음, 이혜경 옮김, 272쪽, 10,000원
덕치, 인치, 법치 — 노자, 공자, 한비자의 정치 사상 신동준 지음, 488쪽, 20,000원
리의 철학 (中國哲學範疇精髓叢書 — 理) 張立文 주편, 안유경 옮김, 524쪽, 25,000원
기의 철학 (中國哲學範疇精髓叢書 — 氣) 張立文 주편, 김교빈 외 옮김, 572쪽, 27,000원
동양 천문사상, 하늘의 역사 김일권 지음, 480쪽, 24,000원 | 동양 천문사상, 인간의 역사 김일권 지음, 544쪽, 27,000원
공부론 임수무 외 지음, 544쪽, 27,000원 | 공자답, 공자는 이렇게 말했다 안재호 지음, 232쪽, 12,000원
유학사상과 생태학 (Confucianism and Ecology) Mary Evelyn Tucker · John Berthrong 엮음, 오정선 옮김, 448쪽, 27,000원
중국중세철학사 (Geschichte der Mittelalterischen Chinesischen Philosophie) Alfred Forke 지음, 최해숙 옮김, 568쪽, 40,000원
북송 초기의 삼교회통론 김경수 지음, 352쪽, 26,000원 | 죽간 · 목간 · 백서, 중국 고대 간백자료의 세계 1 이승률 지음, 576쪽, 40,000원
중국근대철학사 (Geschichte der Neueren Chinesischen Philosophie) Alfred Forke 지음, 최해숙 옮김, 936쪽, 65,000원
리학 심학 논쟁, 연원과 전개 그리고 득실을 논하다 황갑연 지음, 416쪽, 32,000원

불교(카르마)총서
학파로 보는 인도 사상 S. C. Chatterjee · D. M. Datta 지음, 김형준 옮김, 424쪽, 13,000원
유식무경, 유식 불교에서의 인식과 존재 한자경 지음, 208쪽, 7,000원
박성배 교수의 불교철학강의: 깨침과 깨달음 박성배 지음, 윤원철 옮김, 313쪽, 9,800원
불교 철학의 전개, 인도에서 한국까지 한자경 지음, 252쪽, 9,000원 | 인물로 보는 한국의 불교사상 한국불교원전연구회 지음, 388쪽, 20,000원
은정희 교수의 대승기신론 강의 은정희 지음, 184쪽, 10,000원 | 비구니와 한국 문학 이향순 지음, 320쪽, 16,000원
불교철학과 현대윤리의 만남 한자경 지음, 304쪽, 18,000원 | 유식삼십송과 유식불교 김명우 지음, 280쪽, 17,000원
유식불교, 『유식이십론』을 읽다 효도 가즈오 지음, 김명우 · 이상우 옮김, 288쪽, 18,000원
불교인식론 S. R. Bhatt & Anu Mehrotra 지음, 권서용 · 원철 · 유리 옮김, 288쪽, 22,000원

기타
다산 정약용의 편지글 이용형 지음, 312쪽, 20,000원 | 유교와 칸트 李明輝 지음, 김기주 · 이기훈 옮김, 288쪽, 20,000원
유가 전통과 과학 김영식 지음, 320쪽, 24,000원 | 한시, 슬픈 감성으로 가을을 읊다 권명숙 지음, 232쪽, 17,000원

퇴계원전총서
고경중마방古鏡重磨方 — 퇴계 선생의 마음공부 이황 편저, 박상주 역해, 204쪽, 12,000원
활인심방活人心方 — 퇴계 선생의 마음으로 하는 몸공부 이황 편저, 이윤희 역해, 308쪽, 16,000원
이자수어李子粹語 퇴계 이황 지음, 성호 이익 · 순암 안정복 엮음, 이광호 옮김, 512쪽, 30,000원

역학총서
주역철학사 (周易研究史) 廖名春 · 康學偉 · 梁韋弦 지음, 심경호 옮김, 944쪽, 30,000원 | 송재국 교수의 주역 풀이 송재국 지음, 380쪽, 10,000원
송재국 교수의 역학담론 — 하늘의 빛 正易, 땅의 소리 周易 송재국 지음, 536쪽, 32,000원
소강절의 선천역학 高懷民 지음, 곽신환 옮김, 368쪽, 23,000원 | 다산 정약용의 『주역사전』, 기호학으로 읽다 방인 지음, 704쪽, 50,000원

노장총서
不二 사상으로 읽는 노자 — 서양철학자의 노자 읽기 이찬훈 지음, 304쪽, 12,000원 | 김항배 교수의 노자철학 이해 김항배 지음, 280쪽, 15,000원
서양, 도교를 만나다 J. J. Clarke 지음, 조현숙 옮김, 472쪽, 36,000원

동양문화산책
주역산책 (易學漫步) 朱伯崑 외 지음, 김학권 옮김, 260쪽, 7,800원 | 동양을 위하여, 동양을 넘어서 홍원식 외 지음, 264쪽, 8,000원
서원, 한국사상의 숨결을 찾아서 안동대학교 안동문화연구소 지음, 344쪽, 10,000원
안동 풍수 기행, 와혈의 땅과 인물 이완규 지음, 256쪽, 7,500원 | 안동 풍수 기행, 돌혈의 땅과 인물 이완규 지음, 328쪽, 9,500원
영양 주실마을 안동대학교 안동문화연구소 지음, 332쪽, 9,800원
예천 금당실 · 맛질 마을 — 정감록이 꼽은 길지 안동대학교 안동문화연구소 지음, 284쪽, 10,000원

터를 안고 [ ]을 펴다 — 퇴계가 굽어보는 하계마을 안동대학교 안동문화연구소 지음, 360쪽, 13,000원
안동 가일 마을 — 풍산들가에 의연히 서다 안동대학교 안동문화연구소 지음, 344쪽, 13,000원
중국 속에 일떠서는 한민족 — 한겨레신문 차한필 기자의 중국 동포사회 리포트 차한필 지음, 336쪽, 15,000원
신간도견문록 박진관 글·사진, 504쪽, 20,000원 | 선양과 세습 사라 알란 지음, 오만종 옮김, 318쪽, 17,000원
문경 산북의 마을들 — 서중리, 대상리, 대하리, 김룡리 안동대학교 안동문화연구소 지음, 376쪽, 18,000원
안동 원촌마을 — 선비들의 이상향 안동대학교 안동문화연구소 지음, 288쪽, 16,000원
안동 부포마을 — 물 위로 되살려 낸 천년의 영화 안동대학교 안동문화연구소 지음, 440쪽, 23,000원
독립운동의 큰 울림, 안동 전통마을 김희곤 지음, 384쪽, 26,000원

한국철학총서
조선 유학의 학파들 한국사상사연구회 편저, 688쪽, 24,000원 | 퇴계의 생애와 학문 이상은 지음, 248쪽, 7,800원
조선유학의 개념들 한국사상사연구회 지음, 648쪽, 26,000원 | 유교개혁사상과 이병헌 금장태 지음, 336쪽, 17,000원
남명학파와 영남우도의 사림 박병련 외 지음, 464쪽, 23,000원 | 쉽게 읽는 퇴계의 성학십도 최재목 지음, 152쪽, 7,000원
홍대용의 실학과 18세기 북학사상 김문용 지음, 288쪽, 12,000원 | 남명 조식의 학문과 선비정신 김충열 지음, 512쪽, 26,000원
명재 윤증의 학문연원과 가학 충남대학교 유학연구소 편, 320쪽, 17,000원 | 조선유학의 주역사상 금장태 지음, 320쪽, 16,000원
율곡학과 한국유학 충남대학교 유학연구소 편, 464쪽, 23,000원 | 한국유학의 악론 금장태 지음, 240쪽, 13,000원
심경부주와 조선유학 홍원식 외 지음, 328쪽, 20,000원 | 퇴계가 우리에게 이윤희 지음, 368쪽, 18,000원
조선의 유학자들, 켄타우로스를 상상하며 理와 氣를 논하다 이향준 지음, 400쪽, 25,000원 | 퇴계 이황의 철학 윤사순 지음, 320쪽, 24,000원
조선유학과 소강절 철학 곽신환 지음, 416쪽, 32,000원 | 되짚어 본 한국사상사 최영성 지음, 632쪽, 47,000원

성리총서
송명성리학(宋明理學) 陳來 지음, 안재호 옮김, 590쪽, 17,000원 | 주희의 철학(朱熹哲學研究) 陳來 지음, 이종란 외 옮김, 544쪽, 22,000원
양명 철학(有無之境—王陽明哲學的精神) 陳來 지음, 전병욱 옮김, 752쪽, 30,000원
정도전의 철학(鄭道傳思想研究) 張緝閔 지음, 박상리·이경남·정성희 옮김, 272쪽, 15,000원 | 주희의 자연철학 김영식 지음, 576쪽, 29,000원
송명유학사상사(宋明時代儒學思想の研究) 구스모토 마사쓰구(楠本正繼) 지음, 김병화·이혜경 옮김, 602쪽, 30,000원
북송도학사(道學の形成) 쓰치다 겐지로(土田健次郎) 지음, 성현창 옮김, 640쪽, 3,200원
성리학의 개념들(理學範疇系統) 蒙培元 지음, 홍원식·황지원·이기훈·이상호 옮김, 880쪽, 45,000원
역사 속의 성리학(Neo-Confucianism in History) Peter K. Bol 지음, 김영민 옮김, 488쪽, 28,000원
주자어류선집(朱子語類抄) 미우라 구니오(三浦國雄) 지음, 이승연 옮김, 504쪽, 30,000원

강의총서
김충열 교수의 노자강의 김충열 지음, 434쪽, 20,000원 | 김충열 교수의 중용대학강의 김충열 지음, 448쪽, 23,000원
모종삼 교수의 중국철학강의 牟宗三 지음, 김병채 외 옮김, 320쪽, 19,000원

경북의 종가문화
사당을 세운 뜻은, 고령 점필재 김종직 종가 정경주 지음, 203쪽, 15,000원
지금도 「어부가」가 귓전에 들려오는 듯, 안동 농암 이현보 종가 김서영 지음, 225쪽, 17,000원
종가의 멋과 맛이 넘쳐 나는 곳, 봉화 충재 권벌 종가 한필원 지음, 193쪽, 15,000원
한 점 부끄럼 없는 삶을 살다, 경주 회재 이언적 종가 이수환 지음, 178쪽, 14,000원
영남의 큰집, 안동 퇴계 이황 종가 정우락 지음, 227쪽, 17,000원 | 마르지 않는 효제의 샘물, 상주 소재 노수신 종가 이종호 지음, 303쪽, 22,000원
의리와 충절의 400년, 안동 학봉 김성일 종가 이해영 지음, 199쪽, 15,000원
충효당 높은 마루, 안동 서애 류성룡 종가 이세동 지음, 210쪽, 16,000원
낙중 지역 강안학을 열다, 성주 한강 정구 종가 김학수 지음, 180쪽, 14,000원
모원당 회화나무, 구미 여헌 장현광 종가 이종문 지음, 195쪽, 15,000원
보물은 오직 청백뿐, 안동 보백당 김계행 종가 최은주 지음, 160쪽, 15,000원
처마 끝 소나무에 갈무리한 세월, 경주 송재 손소 종가 황위주 지음, 256쪽, 23,000원
양대 문형과 직신의 가문, 문경 허백정 홍귀달 종가 홍원식 지음, 184쪽, 17,000원
어질고도 청빈한 마음이 이어진 집, 예천 약포 정탁 종가 김낙진 지음, 208쪽, 19,000원
임란의병의 힘, 영천 호수 정세아 종가 우인수 지음, 192쪽, 17,000원 | 영남을 넘어, 상주 우복 정경세 종가 정우락 지음, 264쪽, 23,000원
선비의 삶, 영덕 갈암 이현일 종가 장윤수 지음, 224쪽, 20,000원
청빈과 지조로 지켜 온 300년 세월, 안동 대산 이상정 종가 김순석 지음, 192쪽, 18,000원
독서종자 높은 뜻, 성주 응와 이원조 종가 이세동 지음, 216쪽, 20,000원
오천칠군자의 향기 서린, 안동 후조당 김부필 종가 김용만 지음, 256쪽, 24,000원
마음이 머무는 자리, 성주 동강 김우옹 종가 정병호 지음, 184쪽, 18,000원 | 문무의 길, 영덕 청신재 박의장 종가 우인수 지음, 216쪽, 20,000원
형제애의 본보기, 상주 창석 이준 종가 서정화 지음, 176쪽, 17,000원 | 경주 남쪽의 대종가, 경주 잠와 최진립 종가 손숙경 지음, 208쪽, 20,000원
변화하는 시대정신의 구현, 의성 자암 이민환 종가 이시활 지음, 248쪽, 23,000원
무로 빚고 문으로 다듬은 충효와 예학의 명가, 김천 정양공 이숙기 종가 김학수, 184쪽, 18,000원
청백정신과 팔련오계로 빛나는, 안동 허백당 김양진 종가 배영동, 272쪽, 27,000원
학문과 충절이 어우러진, 영천 지산 조호익 종가 박학래, 216쪽, 21,000원
영남 남인의 정치 중심 돌밭, 칠곡 귀암 이원정 종가 박인호, 208쪽, 21,000원
거문고에 새긴 외금내고, 청도 탁영 김일손 종가 강정화, 240쪽, 24,000원 | 대를 이은 문장과 절의, 울진 해월 황여일 종가 오용원, 200쪽, 20,000원
처사의 삶, 안동 경당 장흥효 종가 장윤수, 240쪽, 24,000원 | 대의와 지족의 표상, 영양 옥천 조덕린 종가 백순철, 152쪽, 15,000원